传媒艺苑文丛

ZHONGGUO

中国的年谱与家谱

DE

NIANPU

YU

JIAPU

典藏版

来新夏 徐建华 著

中国国际广播出版社

目 录

第一章　年　谱　　　　　　　　　　**001**

一、缘起与发展　　　　　　　　002

二、谱主　　　　　　　　　　　011

三、编者　　　　　　　　　　　015

四、体裁　　　　　　　　　　　020

五、体例　　　　　　　　　　　025

六、刊行与流传　　　　　　　　031

七、史料价值　　　　　　　　　036

八、实用效应　　　　　　　　　045

九、编纂工作　　　　　　　　　064

十、工具书　　　　　　　　　　074

第二章　家　谱　　　　　　　　　　**078**

一、起源　　　　　　　　　　　079

二、发展与演变　　　　　　　　086

三、名称与类型　　　　　　　　099

四、内容与结构　　　　　　　　106

五、字辈与堂号　　　　　　　　114

六、避讳与谱禁　　　　　　126

七、价值与利用　　　　　　136

八、流传与收藏　　　　　　145

九、记录与整理　　　　　　152

十、纂修　　　　　　　　　161

十一、特殊家谱——玉牒　　170

十二、少数民族家谱　　　　184

年谱

第一章

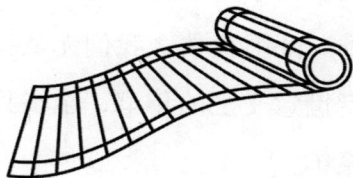

一、缘起与发展

年谱是史籍中较为特殊的一种人物传记体裁，但和一般的传记有所不同。一般的传记主要纪传主的生平大要，而年谱则是以谱主为中心，以年月为经纬，比较全面、细致地叙述谱主的一生事迹。所谓"叙一人之道德、学问、事业，纤悉无遗而系以年月者，谓之年谱"（**朱士嘉《中国历代名人年谱目录》序**）。它杂糅了纪传与编年二体，并从谱牒、年表、宗谱、传记、行状等体逐渐发展演变而自成一体（**清章学诚《刘忠介公年谱序》**）。

"年谱"一词，最早见于《汉书·艺文志》。《汉书·艺文志》数术略下历谱家类目中著录有汉代阙名所编《古来帝王年谱》五卷。此书久佚，我们无从得见，不过有一点可以肯定，这并不是后世意义上的年谱，至多只是一种极简略的编年体史传或人物大事系年。

《汉书》

年谱作为一种专门体裁究竟创始于何时何代，一直有着不同说法。有人认为始于秦简《喜之谱》，但它类似于后世墓文，不足为据。有人认为始于唐代，理由之一是初唐时刘仁轨自撰有《刘氏行年记》20卷，《旧唐书》本传与《新唐书·艺文志》均有记载；理由之二是传说中唐写本《长庆前后集》末附有白居易自编年谱。此二说均难以为凭，一是因为刘仁轨所撰《刘氏行年记》早佚，我们无从得知此书的具体内容，《宋史·艺文志》《崇文总目》等又作《河洛行年记》，此书的内容到底是不是后世意义上的年谱，抑或是刘氏群传，不得而知，只能顾名思义，发挥想象，姑且存疑；二是白氏自编年谱，清人袁翼在《钱辛楣先生年谱序》中已明确说到此编"久已散佚"，但我们再考察现存最早的影宋本《白氏文集》，亦未见到此谱，这说明白氏即使编过此谱，宋代也已不存，白氏是否真的编过此谱，只能留待后人去考证了。

还有人认为最早的年谱是五代时后唐赵凤、张昭远所编《唐懿祖纪年录》一卷、《唐献祖纪年录》一卷及赵凤编《太祖纪年录》20卷，理由是三人均仕唐为将，后被子孙追谥为帝，而此三书都是按年叙述其个人史事，应归于年谱。不过，这个问题早在宋朝尤袤《遂初堂书目》中已有定论，三书均被归入了实录类。即或是三人活着时未称帝，然此三书也还是按实录体编写的，实录与年谱虽然同是以年系事，但彼此间的区别还是很明显的，实录一般只记起居、言行，没有背景资料等相关资料，而年谱则不然，一般不收或少收起居、言行，而注重谱主事迹及其他各种相关资料。

学术界通常认为年谱始于宋代，或者说，现存最早的年谱存在于宋代。据作者不完全统计，现存及见于过去目录与其他著作记载的宋人所编年谱大约有165部，其中为前代人所编年谱59部，其余为本朝人所编。在为前代人所编年谱之中，唐人年谱占了很大部分，唐代著名文人大多都有宋人为之编谱，有的还不止一部，如杜甫就有12部、韩愈7部、白居易7部、柳宗元2部，其余如王通、李白、颜真卿、元稹、李德裕等，也都有谱，有些还被刻入本人诗文集中，得以留存下来。在宋人为前代人所编谱中，比较典型的还有孔子谱9种，从这个数量亦可看出其在宋代儒家思想的地位。此外，为陶渊明编的谱也有5种，为太上老君和南朝著名道士陶弘景编谱各1种。在宋人为本朝人所编的100多种年谱中，政治家和著名文人大多有谱，有的还不止一种，如范仲淹2种、欧阳修9种、周敦颐2种、苏洵4种、苏轼 9 种、黄庭坚 3 种、苏辙 3 种、宗泽 2 种、李纲 2 种、岳飞 2 种、朱熹 4 种、陆九渊 6 种、卫泾 2 种，其余如晏殊、王安石、蔡襄、曾巩、程颐、陈师道、叶梦德、吕祖谦等，也都有谱。方外之人如僧人大慧普觉禅师、道士紫阳真人张用成，也均有同道为之编谱。宋人年谱的作者比较广泛，有后世学者仰慕前贤而为之编谱，有门生、弟子为老师编谱，有家人弟、子、孙为兄、父、祖编谱，也有僧人、道士为僧人、道士编谱，更有谱主自编年谱，见于记载的宋人自编年谱大致有刘挚自编的《刘忠肃公行年记》一卷、马扩《茆（máo）斋自叙》、真德秀《真西山年谱》、叶由庚《瘖（yīn）叟自志》一卷、文天祥《纪年录》一卷等数种。由于年代久远，这些宋人年谱大多已经亡佚，我们只能通过有关目录与时人和后人记载略窥一二。

李白画像　　　　　杜甫画像　　　　　苏轼画像

元朝由于年代较短，且统治者缺乏文化意识，因此，元人所编年谱，数量较少，作者仅统计到 51 种，其中 40 种是为前代人而编。元人所编年谱，范围较宋人为广，如有大禹治水年谱、东周四王年谱、

6种孔子年谱、2种孟子年谱、2种陶渊明年谱、2种张九龄年谱、2种杜甫年谱、3种朱熹年谱及关羽、陆秀夫年谱等。早期蒙古统治者如成吉思汗等推崇道教全真派，因此，全真派始祖王重阳，七祖孙不二、马钰、谭处端、郝大通、王处一、刘处玄、丘处机也都有谱。年谱的作者除如前所述的自撰、后学、门人、家人子孙、道士之外，少数民族文人也加入了这个行列，契丹人耶律有尚就曾为其师许衡编过《许鲁斋考岁略》一卷，此书至今尚存。

明人所编年谱，据作者个人不完全统计，有489种，其中为前人编谱179种，为本朝人编谱310种。明朝人所编年谱的范围与宋元相比就更广了，有明一代就为孔子修谱31种，孔子弟子数十人有谱。一人多谱的如孟子有10种，关羽4种，诸葛亮2种，陶渊明3种，杜甫7种，陆贽3种，周敦颐10种，司马光3种，程颢、程颐各4种，岳飞2种，朱熹10种，陆九渊3种，崔与之3种，王守仁10种。此外，文人学士、皇子王孙、僧、道、书画家、妇女等都有人为之编谱。更有甚者，就连元末农民起义首领韩林儿、张士诚也有人为之编谱。

清代编修年谱工作，与宋、元、明三朝相比，更是取得了惊人成就，现存古人所编年谱，有一半以上是清人所为，数量超出三朝总和。与前三朝相比，清代编谱者不少是学识深厚的学者，这就使一大批质量较高、足供参考的年谱纷纷呈现于学术之林。由于清代年谱保存至今的较多，也比较完整和典型，因此，本书的介绍将以清人所编年谱为主，兼及各代，此处对清代年谱就不多赘言。

近代以来，谱主范围比以前更为扩大，已超出过去以达官贵人、文人学者为主要谱主的局限，把社会各色人等都列为谱主，如被诬为盗匪的钟相、洪秀全、秋瑾，不受重视的科技人物梅文鼎、李善兰，戏剧小说家蒲松龄、曹雪芹、汤显祖、孔尚任，书画家陈洪绶、石涛、郑燮，弈者范世勋（**又名范西屏**）、施定庵以及僧道、妇女等都有专谱行世。清代大批汉学家的生平、学行也有专谱行世，这对学术史的研究大有裨益。

郑燮画像

　　年谱自兴起后，一直得到顺利发展而至今不衰的主要原因，大致有如下四点：

　　（1）后人为了研究前代文人学者的作品和学说，便按年月排列谱主事迹以寻求作品与学说形成的时代背景、发展痕迹和师承学友等。清康熙至乾隆时期的一位史学家杭世骏，在为清初诗人施闰章年谱所写的序言（《道古堂文集》卷五），以及清乾隆时官员尹壮图在他的自谱序中，对这一点都有比较详尽的论述。

（2）年谱可以补充国史、家传的不足，并能订正纪事的错误。国史、家传对于一个人的生平事迹只能择要叙述，其次要的或者在当时被认为无足轻重的行事往往缺略。有的还由于记载传闻的歧异而记述内容有舛（chuǎn）误之处。更有的人在当时还够不上列入国史、家传的资格，而后来却日益为人所重视，并有记述其事迹的必要。这样，年谱便应客观实际的需要而担负起补正和订正国史、家传的任务。清初史学家全祖望在为《施愚山先生年谱》所写序言中曾说："巨公魁儒事迹繁多，大而国史，小而家传墓文，容不能无舛谬，所借年谱以正之。"（《鲒埼（jié qí）亭集》卷三二）清末学者孙诒让在《冒巢民先生年谱》序中对这点作了更为详尽的发挥，近人钱穆亦认为年谱是"图史取材之资"的一种（《中国近三百年学术史》）。

（3）年谱如果出于自编，一种是成功者为表现其"功业"，以求传之后世教育子孙。清周盛传就在其自谱中明确表示："追念生平所历之境，粗举大纲，按年叙述，非敢以自表扬，聊以示子孙，俾知起家之不易耳！"（《磨盾纪实》自序）当然，周氏本人的主要目的仍在于炫功传世，"以示子孙"只是一种饰词；另一种是失败者鸣其不平，以博取同情。尤其是有些遭遇坎坷、所志不遂的人，往往想把自己的遭遇和情绪寄托于笔墨以宣告于天下后世，祈求人们对其同情和谅解。清人吴庄在其《花甲自谱》序中说："穷悉困厄，不克自遂其所为，而又不忍自没其所欲为。则凡遭逢之坎坷，情志之怫（fú）

逆，皆可告诸天下后世，以祈共谅其生平。"还有的则是因为谱主遭受非议较多，子孙为洗刷先人而撰谱，如清人汪中是一位有争议的学者，其子汪喜孙特为其撰谱，并在序中着重申言："使后之论世知人之君子，勿以谰言滋惑。"不论属于何种情况，其为求得表现的目的则是完全一致的。

（4）由于年谱比一般传记搜罗资料丰富，编纂形式也比较灵活，又以年为序便于检用，所以这一体裁一直沿用不衰。

由于上述几点原因，年谱被大量制作，年谱数量随之而日益增多，从而在史籍中取得了应有的独立地位。据1980年出版的杨殿珣的《中国历代年谱总录》著录，共收年谱3015种，记载谱主1829人。据1992年出版的《中国历代人物年谱考录》著录，共收年谱6259种，谱主4010人。如以断代统计，据作者本人所亲加检读过的清人年谱就有800余种，600余人。

年谱在清代发展较快，除了前面所说的四点共同原因外，清代学术文化的发达也对其产生了一定的影响。清朝从顺治入关建立政权之后，历经康、雍、乾三朝的恢复发展，已达到了所谓的"盛世"阶段，学术文化各方面都在前人基础上取得了新的成就。为了配合学术研究，年谱作为一种研究对象也得到了较快的相应发展，尤其是乾嘉时期考据学的发达，为了使研究基础更为扎实，对于人物的研究需要更翔实的背景资料和有关生平事迹的详细记述，而年谱是一种最合适的体裁。正由于"乾嘉之际，竞尚考据，而编纂年谱之业遂蒸蒸日上，至今有甚而不衰"（顾廷龙《中国历代名人年谱目录》序）。

在学术文化发达的同时，清政府的文化专制主义也在日益加强。

清前期文网日密，文字狱接二连三，钳制愈严，忌讳愈多，因而使有些人对撰著反映整个史事的著作心有疑虑，于是有的人就选择论列一个人的生平借以评述史事，以求避免触犯忌讳。这也使年谱的编写量有所增加，所以清代的康、雍、乾三朝的年谱数量在清人年谱总量中又占绝大多数。

但是，清代作谱之风如此之盛更重要的是它的社会原因。整个清代经历了封建社会后期和半封建半殖民地社会。无论是在阶级结构、等级关系或是社会风尚等方面都起了相应的变化。年谱的谱主已不像过去那样只限于文人学者和达官显宦。商人、买办凭借自己的经济力量换取政治权势和社会地位，从而不再讳言自己出身低微和持筹握算的"贱业"；贫苦知识分子也操笔自记生平，来抒发一生怀才不遇的愤慨；身怀奇艺绝技的人由于广为人所羡慕，因而也有人为他们撰谱；民族工商业者也多津津乐道他们发家致富的道路；妇女、方外之人亦有人肯为他们写谱。可见，由于社会风气的变化，不论门第等级，都有权树碑立传。由于年谱范围的扩大，数量也随之而日益增多，从而使年谱在史籍中逐渐取得专类的地位。

年谱从宋代开始才见于目录书。宋代的三部著名目录——晁公武《郡斋读书志》、尤袤《遂初堂书目》和陈振孙《直斋书录解题》中对年谱都有著录。明代的国家目录《文渊阁书目》和私家目录《世善堂书目》等也都有著录。清代的国家目录《四库全书总目》、史志目录《明史·艺文志》等都收录年谱，而且数量较多。但是，它们大多附于史部传记类或谱牒类中，都还没有取得专类专目的独立地位。近人有以清末张之洞所撰《书目答问》的史部谱录类中分收目、姓名年谱和名物三类，为年谱有专目之始（**田洪都《中国历代名人年谱目录》序**）。这个说法不甚确切。《书目答问》确有年谱专目，但并不是年谱专目之始。因为在明代祁承爜（hàn）的《澹生堂藏书目》史部中，便在传记类外别立谱录类，而谱录类下就有年谱专目，收录了《韩文公年谱》至《伍宁方年谱》等多种。清初钱曾的《也是园藏书目》和《述古堂书目》中均专设年谱类，收录了《圣师年谱》至《吴文正公年谱》等多种，清人章学诚《史籍考》中也设有专谱专目。它们都比《书目答问》早几百年。所以年谱从明清以来已在史籍中由附属于传记、谱录类下而逐渐自成专目专类，取得了独立类目的地位，成为史籍分类中的一个组成门类。这种独立地位正反映了年谱所达到的发展程度。

二、谱主

年谱的研究对象是某个人物。这个人物就是年谱所叙述和评论的主人，所以习惯称为谱主，如《韩文公年谱》的谱主便是韩愈，《方望溪先生年谱》的谱主便是方苞。纵览从宋到清的年谱，涉及人物的范围很广，特别是清人年谱谱主范围之广实为前代所不及，现以清人年谱为例，谱主大致包括如下各种类型人物。

（一）官僚军阀

上起军机大臣、大学士，下至州县官吏等各级类型人物都有涉及。如军机大臣、大学士有张玉书、朱轼、蒋攸铦（xiān）等谱；尚书、侍郎有宋荦（luò）、翁叔元、钱陈群等谱；各省督抚有范承谟、毕沅、邓廷桢等谱；提督、总兵有杨遇春、葛云飞等谱；部曹有孙宗彝（清顺治时任吏部员外郎、郎中等）、顾予咸（吏部员外郎）等谱；司道有韩锡胙（松太兵备道）、沈起元（河南按察使、直隶布政使）等谱；府州县官有胡具庆（乾隆时陕西石泉县知县）、林愈蕃［乾隆时湖南酃（líng）县知县］和王祖肃（乾隆时江西建昌、贵州镇远等府知府）等谱；学官有焦袁熹（康熙时山阳县教谕）、莫与俦（chóu）（嘉庆时贵州遵义府教授）等谱；湘淮军阀有曾国藩、左宗棠、李鸿章等谱；明臣降清者有洪承畴和钱谦益等谱；晚清有袁世凯、段祺瑞、徐世昌等谱。

（二）文学家

清代刊行诗文集较多，许多专集往往于刊行时附入自撰或他人所编的年谱。有些则是后人为研究谱主作品而编纂单行的。所以，这类人的年谱在清人年谱中数量较多。如诗人有吴伟业、袁枚、陈衍等谱；古文家有侯方域、方苞等谱；词人有纳兰性德、厉鹗等谱；剧作家有尤侗、洪昇、孔尚任等谱；小说家有蒲松龄、吴敬梓等谱；通俗文学有屠绅、陈端生和评剧作者成兆才等谱，其中洪昇、孔尚任、蒲松龄、吴敬梓等谱为近人所修。

（三）学术家

清代对过去的各种学术都有所继承和发展，出现了不少学者、专家。他们有的自撰年谱，叙述读书、治学、师承、著述以阐明其学术要旨之所在；有的由学友门生或家人纂辑谱主有关资料，论述谱主学术成就以示崇敬之意；有的因后世学人为了研究某些学者的学术造诣与成就而纂谱以备知人论世之需。所以清代学者年谱数量较多，如思想家有顾炎武、黄宗羲、王夫之直至康有为、梁启超、谭嗣同等谱；理学家有李光地、汤斌等谱；经学家有阎若璩（qú）、孙诒让等谱；史学家有全祖望、钱大昕等谱；文字学家有段玉裁、朱骏声等谱；金石学家有王昶（chǎng）、吴大澂（chéng）等谱；校勘学家有卢文弨（chāo）、顾千里等谱；目录学家有张金吾、姚振宗等谱；地理学家有徐松、杨守敬等谱；算学家有梅文鼎、李善兰等谱。

（四）艺术家

一些有成绩的书画家和有特殊技能的艺人，也有人为他们编谱。如画家有石涛、吴历、王时敏等谱；书法家有包世臣、郭尚先等谱；鉴赏家有周亮工谱；棋手有范世勋、施定庵等谱；制砚专家有高凤翰谱。

（五）工商业者

这些人有的是由官绅和高利贷者转化而来的近代民族资本家，如张謇（jiǎn）等；有的是靠帝国主义经济势力发家的买办商人，如徐润、许鋐（hóng）等；有的是经营米丝盐等业致富的巨商，如周庆云等；有的是金融资本家，如谈丹崖等；还有的是商业中的从业人员，如曾任司账的周憬。

（六）和尚

这些人有的是明清之际为逃避改朝换代的政治旋涡而遁入佛门为僧的，如函昰（shì）、今释等；有的是在佛学上有相当造诣的名僧，如读彻、见月等；有的是清末曾与民主革命活动有关先俗后僧的著名人物，如苏曼殊、李叔同等。

（七）妇女

为妇女立谱始于晚明而盛于清代。她们有的是当时或后世有风流余韵的哀艳人物，如董小宛、吴宗爱等；有的是有一定修养和造诣的文人学者，如郝懿行妻、学者王照圆、诗人薛绍微等；有的是驰名寰宇的民主革命烈士，如秋瑾；有的只是人子为母撰年谱以申所谓孝思的，如尹会一为母李氏撰谱，王先谦为母鲍氏撰谱。

（八）遗民

遗民是改朝换代时一批眷恋故国、不与新朝合作的人物。清初有较多一批忠于明朝的"遗民"。他们有的隐居不仕，如邢昉（fǎng）、万泰、傅山等；有的继续从事反清活动，如万寿祺、阎尔梅等。由于他们都从事讲学和著述活动，并大多有专集行世，所以有门人或后学为表示仰慕、钦敬和研究的需要而为他们编谱。

（九）其他

在上述各类人物外，还有一些不太为人注意的人物，如仅有秀才功名，一生以教读、做幕客为业的，如康、乾时的张朝晋，其子于谱主谢世时编谱以代行状；稍晚的张焕宗则自记一生，仅为稿本而未刊行。有的从事秘密会道门活动，如与黄崖教案有关的李光炘（xīn）由门人记其一生云游、传道与收纳门人等诡怪的行事，仅有抄本而无刊本。有的一生碌碌，毫无足述，也自编一谱记家事，如乾隆时人蒋曾爚（yuè）自编《延秋山馆自订年谱》，也仅有稿本而无刊本。这类人物年谱内容的参考价值远远不及前几类，而且搜求也较困难。

三、编者

过去有人曾把年谱的编者分为自撰、家属所撰、友生所撰和后人补撰四种。从现存的年谱看，这四种基本上概括了年谱的编者，所以就据此来加以说明。

（一）自撰类

自撰年谱，有人认为始于司马迁的自叙，如清人黄恩彤在其《稀龄追忆录》自序中曾说："近世卿大夫往往自著年谱，盖昉于太史公之自叙，其所由来远矣。"这种说法是不准确的，因为《太史公自叙》只是一篇自传，而非年谱。自撰年谱产生于宋代的说法比较可靠，见于目录记载的有真德秀《真西山年谱》等五部，流传至今的尚有文天祥《纪年录》一卷。元代有方回的《先觉年谱》。明清两代就更多了，特别是清代，自撰年谱几占全部年谱的四分之一。明代如魏大中有《廓园自订年谱》一卷，郑鄤（màn）有《天山自叙年谱》一卷；清代如王崇简、尤侗等人都有自订年谱、沈德潜有《沈归愚自订年谱》、英和有《恩福堂年谱》、张謇有《啬翁自订年谱》等。

司马迁画像

自撰年谱主要是为了夸耀成就，宣扬业绩；有的则是自记生平以垂告子孙或希望载入家谱，借以传流；还有一些则是一生遭遇坎坷，志不得申，借自编年谱来发泄自己的不平之气。

自编年谱按编写方式，有三种不同情况：

（1）谱主手订：如明清之际的吴庄于60岁时自撰《花甲自谱》，记其60年的经历，词语间愤愤于一生的未能发迹。嘉庆时任福建巡抚的徐宗幹，自撰《斯未信斋主人自订年谱》，以自记仕历并夸示他所受的荣宠。资本家荣德生的《乐农自订行年纪事》即自记其发家经过。

这些自编年谱有的止笔时正巧是卒年，但大多数未至卒年，如嘉道时历任江苏若干县知县的王锡九，卒于咸丰五年（1855），59岁，而自谱仅记至咸丰二年（1852），56岁。在他们卒后，子孙大多不加增补而照样刊印。

（2）谱主口述，他人笔录整理：这类年谱名为谱主自编，实则由谱主口授，由子孙或亲属笔录整理成谱。如《魏敏果公年谱》由谱主魏象枢口授，子学诚等编录；《病榻梦痕录》由谱主汪辉祖口述，二子继壕、继培笔记；《崇德老人自订年谱》由谱主曾纪芬口授，女婿瞿宣颖笔录，这是现存仅有的一种妇女自编年谱。

（3）谱主先自订，后来由子孙、亲属、门人或其他人为之补注、校订和续编：如明清之际的李世熊曾自编从明万历三十年（1602）出生起，至清顺治三年（1646）清军入长汀，南明隆武政权覆灭，自己隐居山林止笔。清康熙二十五年（1686），谱主年85岁而卒，他的儿子李权又自顺治四年（1647）补叙至卒年。又如吴省钦的《白华年谱》是乾隆四十五年（1780）时所手订，卒后嗣子敬枢于嘉庆十五年（1835）又续补至嘉庆八年（1828）谱主之卒而附刊于《白华后稿》卷首。王士祯的《渔洋山人自撰年谱》即由门生惠栋加以补注。乾嘉史学大师钱大昕曾自编年谱至乾隆五十七年（1792）65岁止，题《竹汀居士年谱》，曾孙钱庆曾为之校注和续编，校注于各条之后补入涉及人物的生平和记事的欠详处，间或引述谱主著述以注记事，续编则自乾隆五十八年（1793）至谱主卒年，补足著述与交游的记事，题《竹汀居士年谱续编》，后其刊出时题《钱辛楣先生年谱》。

（二）家属所撰类

此类之中子为父撰谱的居大多数，如宋人周纶（lún）为其父周必大编《周益国文忠公年谱》、倪祖常为其父倪思编《倪文节公年谱》、元人刘因为其父刘述编《先君记事》一卷、清人王开云为其父王文雄编《王壮节公年谱》、王代功为其父王闿（kǎi）运编《湘绮府君年谱》等。其余有弟为兄撰谱的，如宋人卫湜（shí）为其兄卫泾编《文节公年谱》、清人王士禛为其兄士禄编《王考功年谱》、王廷伟为其兄廷隽（jùn）编《芥岩先生年谱》等；有侄为伯父编谱的，如清人张继文为伯父张穆编《先伯石州公年谱》；有孙曾为其祖辈编谱的，如宋人张同然为其祖张载编《横渠先生张献公年谱》，黄㽦（xún）为其祖黄庭坚编《山谷先生年谱》。清人张穆为其祖张佩芬编《先大父泗州府君事辑》、邓邦康为其曾祖邓廷桢编《邓尚书年谱》、查慎行的外曾孙陈敬璋为查慎行编《查他山先生年谱》、钱陈群的六世孙钱志澄据陈群曾孙钱仪吉的残稿为陈群编《文端公年谱》；有子为母编谱的，如尹嘉铨编的《尹太夫人年谱》、陆继辂编的《先太孺人年谱》；有夫为妻编谱的，如毛元勋为妻徐氏编《寒闺年谱》；有婿为岳父编谱的，如周宗谟为余保纯编《外舅余冰怀先生年谱》。

（三）友生所撰类

所谓友生指门人及朋友等而言，其中门人为老师编谱的较多。门人为师编谱始于宋，如朱熹门人李方子编《朱文公年谱》一卷。清代此风尤盛，如董秉纯为全祖望编《全谢山年谱》、段玉裁为戴震编《戴东原先生年谱》。有的是由门人集体编谱的，如檀萃的《默斋先生寿图谱》署滇南门人撰，近人梁士诒的《梁燕孙先生年谱》署凤岗及门弟子撰；有弟子与家属合编的，如为乾嘉时阮元所编《雷塘庵弟子记》八卷，其卷一、卷二为门人张鉴撰，卷三至卷四由子阮常生撰，卷五至卷六由子阮福撰，卷七由子阮孔厚撰，卷八由小门生柳兴厚撰；有谱主与弟子合编的，如为明清之际郑敷教所编《郑桐庵先生年谱》二卷，卷上由门人徐云祥、卢泾材编次，卷下则由门人沈明扬、钦兰就谱主自记重辑；有为友人编谱的，如王永祺为胡宝瑔（quán）编《泰舒胡先生年谱》、钱玄同为刘师培编《左盦（ān）年表》；有幕客为府主编谱的，如韩超的门客陈昌运为其编《南溪韩公年谱》，李续宾的门客傅琳为其编《李忠武公年谱》，又如沈祖宪、吴闿生为袁世凯编《容庵弟子记》，从书名看似乎是门人为师编谱，实则并无师徒关系，而是幕僚为谱主编谱。

（四）后人补撰类

这是年谱创始阶段数量较多的一类，陶渊明、韩愈、柳宗元和杜甫等著名文学家均有宋人所撰年谱。这是由于后人为研究文人学者的生平和成就而补撰的，撰谱人也多为有一定学术水平的学者。清代以来，随着学术研究的发展，这类年谱数量繁多。清代各学术领域的著名学者多有后人按年编次他们的事迹，编为年谱。如目录学家缪荃孙为地理学家徐松编《徐星伯先生年谱》、算学家李俨为算学家梅文鼎编《梅文鼎年谱》、史学家黄云眉为史学家邵晋涵编《邵二云先生年谱》、文字学家刘盼遂为文字学家段玉裁编《段玉裁先生年谱》。甚至还有外国学者为中国学者文人补撰年谱的，如日本人铃木虎雄编有《沈约年谱》、《李卓吾年谱》和《吴梅村年谱》，神田喜一郎编有《顾千里年谱》和《江晋三先生年谱》，小泽文四郎编有《刘孟瞻先生年谱》等。又如朝鲜人元泳义所编《孔子实纪》四卷，也是孔子年谱的一种。

以上四类基本可包括年谱的编者。正由于有这样一大批年谱编者，所以年谱比其他类著述显得包容范围广、数量较多、内容丰富，对研究工作具有重要作用。

四、体裁

年谱的编制体裁，大致分为文谱、表谱、诗谱与图谱四种。

（一）文谱

这是用文字来叙述谱主的一生事迹，并为绝大部分编谱者所采取的体裁。有的是按年为次，于年下分行顺叙谱主事迹，这种顺叙式年谱大多叙事不过分详细，也不引据原始资料；另一种是纲目式，即按年以大字为纲记事，或在纲题下用双行小字附注资料来论证记事的可信性，或低格另行详记记事原委，使谱主事迹更完备，有的则在目下另附编谱者的按语，对记事和引述资料加以考辨。这类文谱居年谱中的最多数。另有一种非常简略的目录附谱，往往在诗文集的目录中，根据诗文编年简记该年的谱主事迹，对了解谱主诗文创作背景有很大帮助，如宋人任渊的《山谷内集注》与史容的《山谷外集注》，对黄庭坚诗作均按年分卷编次，在目录部分均有记事，其格式是：

> 第一卷
> 元丰元年戊午
> 是岁，山谷在北京。
> 古诗二首上苏子瞻
> ……
> 元丰三年庚申
> 是岁，……
> 次韵王稚川客舍二首。

这些记事比较简单，《四库全书总目》却对此备加推崇，认为目录下缀有记事，可"使读者考其岁月，知其遭际，因以推求作诗之本旨"，甚至评定"注本之善不在注本之琐细，而于考核出处时事"，这一说法对便利诗作研究者是有一定道理的。清人黄爵滋的《仙屏书屋初集年记》也采用文集目录附记事的谱式。

（二）表谱

表与谱是同一源流，清代学者多有此主张，如汪喜孙认为年谱"其原出于年表"（《容甫先生年谱》序），方东树在《望溪先生年谱序》中也曾说："年谱者，补国史家乘所不备而益加详焉。吾以为此乃沿迁史十表年月之法而易其形者也。"（《仪卫轩文集》卷五）沈涛更认为"表犹言谱，表谱一声之转耳"。年谱用表的形式表达比较简要易读，但其编法又有所不同。有的仍称年谱而分栏记事，如清人赵殿成编《王维年谱》即分纪年、时事、出处、诗文四栏，分别记事，虽记事简略，但眉目清楚，便于省览；有的已有年谱，为附入诗文集中简便而将顺叙式年谱改为表式，如清人金荣曾据王士祯自编年谱及惠栋补注改编为表式年谱，此表谱前有世系，表分纪年、时事、出处及诗文著述四栏，叙述简要，颇便省览；有的则是直接编为年表，并以年表为名，如清代后期的赵彦俑（chēng）的《自订年表》，分上下栏记事，内容简略。近人黄涌泉为清代画家费丹旭编有《费丹旭年表》。近代有些著作常常附有作者大事年表以备翻检。

（三）诗谱

有的年谱用诗体来综述谱主一生事迹，如清初金之俊自编的《年谱韵编》，用韵语自述一生际遇，是属于诗体的一种形式，如开头一段记出生以来情况说：

> 虚度古稀七，流光闪电急。
> 忆从堕地来，父母爱无匹。
> ……
> 十三应童试，屡试辄见抑。

十九改麟经，工夫仅百日。

经淑泰靖兄，二十嘉庠入。

岁底始完婚，娱亲谐琴瑟。

……

这一韵编，文字过于俚俗，对一生事迹仅得其大要而已。有的虽以诗记事，但多补充文的说明，形成了一种诗文结合体，如乾嘉时的万廷兰曾自编《记年草》，每年作诗一首，低一格附叙事一段。稍后的苏履吉自编《九斋年谱诗》40首，记一生经历，并于诗句下系以双行小字记事。有的诗谱内容比较丰富，甚至评论时事，如民国初年的遗老方观澜曾自编《方山氏记年诗》，以诗作纲，其下系以记事。其诗颇有深意，如光绪二十年（1894）记对甲午战争失败的抨击，表达了对当时社会的看法。

（四）图谱

这是用图画形式来表述谱主一生事迹的体裁。它以图为主，而附以诗或文作说明。如清初文学家尤侗在自编《悔庵年谱》之后所附的《年谱图诗》，就是把他一生事迹择其大者，绘图16幅，以记一生主要活动，起正谱大事提要的作用。这16幅图诗的产生是因为谱主感到"生平事迹繁琐，难以枚举，姑摘其大者绘为十六图，各缀小诗，志其本末，用以自娱，亦可贻诸子孙"。乾嘉学者檀萃70岁时，他的弟子们为其绘《默斋先生寿图谱》。谱主在图谱序中自称70岁时命弟子作图，略述生平事迹，共 16 幅 32 图，首尾又各加一幅，题图谱中涉及人物和弟子名，全谱共 18 幅，此谱以图之有无表明事迹，不能按年叙述，谱眉注明图名，即以图中表示的谱主重要事迹为主旨。嘉道时曾任督抚的麟庆在晚年时，选择自己一生重要经历请人绘图而自写图记，作为自编年谱。图谱共分三集，每集二册。第一集自出生至道光九年（1829）（39 岁）止，由门人汪春泉所绘，共 78 帧，合首尾题照各一帧，总 80 帧；第二集起自道光九年至道光二十年（1840）（50 岁）止，由陈鉴、汪圻绘，共 78 帧，合首尾二帧为 80 帧；第三集起自道光二十一年（1841）至二十五年（1845）（55 岁）止，仍由陈鉴等绘，共合 80 帧。谱主卒于道光二十六年（1846），即图谱内容的次年，可以说图谱已包括谱主一生。此谱虽非逐年胪述，但图数较多，并以年次为先后，可以称得上是比较完备的图谱。谱主麟庆亦自诩其图为自创一格的年谱，其子崇实在所撰《惕盦年谱》，道光三十年（1850）条下即记称："吾父所撰《鸿雪因缘图记》告成，由扬州寄到。是书乃吾父生平际遇与夫游历山川得意者，皆制一图，图各一记，手自著作，尝谕实弟兄曰：此即我之年谱而别创一格。"此图谱所记虽以生平际遇和游历山川的得意内容为主，但图记间或有记及时事的，如第一集《震泽瞻龙》图的图记记嘉庆十八年（1813）九月十八日天理教徒攻入宫廷事；第三集《英勇请缨》图记记鸦片战争时奕经调用河兵及募勇之事，虽主旨欠确，但也足见这些事件影响之深广。上述图谱虽以年为先后，尚非年有一谱，而清末民初人陈作仪自绘的《凤叟八十年经历图记》，自咸丰六年（1856）起直至 1928 年止，将八十余年经历年各一图，图下注有说明，如果从严格意义上讲，陈氏图谱才能算年谱的真正图谱体裁。

五、体例

年谱体例，屡有变化，有人经过比较研究，提出按谱主的不同身份而采取不同体例，大致可归纳为以下几类：

第一，如为学者编谱，那就需要搜求谱主著作中的要旨，进行分析研究，并广泛地吸取与谱主有关学者的论述，加以"曲畅旁通"，提出个人独立见解，以显示谱主所处时代的思想学说的沿革。

第二，如为达官显宦编谱，那就应该比较详尽地罗致谱主的重要宦迹，并辑入重要的奏疏和谕旨，以补充国史记载的不完备。

第三，如后学为前贤编谱，应尽量将谱主专集中的论著纳入谱中，若还感不足，则可补充最亲近人专集中可采取的内容，以作订正其他记载中的舛误处。

第四，对于谱主评论友朋的言辞，可以不必回避而记于谱中所涉及友朋的卒年之下。这样既能考见谱主的见解，又能反映特定时代的思想倾向。

这四种情况并没有更多的歧异与争论。对年谱体例争议最集中的问题是繁与简的问题，有人主张年谱取材宜简，不应"夸多斗靡"（宗稷辰《黄炳垕（hòu）〈黄黎洲先生年谱〉跋》），另有人则主张应"不避繁琐，详为节录"（王永祥《焦里堂先生年谱》凡例），甚者认为"夫谱之不详与无谱等"（清戴钧衡《望溪先生年谱》序）。繁简之争的起因是繁者往往失之于芜杂，而简者又多有疏漏，所以各持一端，互攻其失，这实在是没有必要的争议，因为是繁是简，完全应该根据谱主事迹繁简和年谱刊行形式而定。梁启超曾提出"附见年谱须简切"，"独立的年谱须宏博"的说法（《中国历史研究法补编》），则是以刊行形式为据而界定，不失为一种通达之见。

年谱的编制体例有通谱、专谱、合谱之别。它们有共同的体例内容，也有不同的侧重。

1. 通谱

这是对谱主一生各方面进行综合性叙述的谱例。它包括如下内容：

谱主的字号、里贯、生卒和得年；

谱主的科名、仕历或经历和功业；

谱主的创作成就和学术造诣；

谱主的交游及有关人物的生卒和简况；

谱主的家事以及所受恩宠与哀荣；

当代大事及附录。

各谱按谱主的不同情况，对上述各项或者包括全部，或者缺略某些项。

2. 专谱

专谱与通谱的综合叙述不同，它是只就谱主某一方面的事业成就或某一时期的活动专门记述的年谱，谱主其他方面活动与中心事业或特定时期无关则概不阑入，或仅简略提到而已。

专谱之体大约起于宋程俱所编《韩文公历官记》，此谱以记韩愈官历为主，略涉及其文学。宋赵子栎（lì）有《杜工部诗谱》，以记杜甫诗作为主。清嘉道时校勘学家钱泰吉自道光七年（1827）至咸丰三年（1853）间任海宁训导 27 年，因为职务比较清闲，每天以校书为主要生活内容，并在所校各书的后面写下自己的校记。他的门人唐兆榐根据这些文字为谱主编写了以校书活动为中心的专谱——《可读书斋校书谱》。这一专谱既可以看到谱主一生精力之所在，又因谱中著录了谱主校书时所引据的各种不同版本，对版本目录学的研究也提供了参考资料。清末目录学家耿文光一生贩书、藏书、校书、读书。他自编的《苕溪渔隐读书谱》就是把"校书之法、读书之记、藏书之目，合而为一者也"。有的专谱选择谱主一生事业中的一个方面为叙述中心，如清康熙时著名画家高凤翰以诗画驰名当时，但他的另一爱好是治砚，一生蓄砚千余方，咸丰时的钱侍辰专门以高氏制砚、刻砚活动为主编成《高南阜先生砚史年谱》这一专谱。乾嘉时浙江僧人达受，虽潜心佛学，但他更爱好金石书画，尤其精于鉴赏，与当时一些金石书画家也多有来往，所以 60 岁后就自记 60 年来过眼的金石书画及拓（tà）片题跋，按年记述，编成《宝素室金石书画编年录》二卷，清代金石学家吴式芬为此谱写序时说此书"既可作上人之年谱观，亦可作上人之访碑录观"，有助于金石书画的考订。

专谱还有以谱主某一时期活动为中心而编写的体例，如罗尔纲等编的《（金田起义前）洪秀全年谱》，专记谱主起义前的行事。鲁迅的不同时期都有专谱，如日本人猪俣（yǔ）庄八编的《鲁迅日本留学时代年谱》、陈漱渝编的《鲁迅在北京时期活动年表》等。

鲁迅像

有的专谱是采用表谱体裁直接命名年表的，如近人孙文青为西汉科学家张衡编的《张衡著述年表》、朱羲胄为译作家林纾（shū）编的《春觉斋著述年表》、方豪为宗教家马相伯编的《马相伯先生在教事迹年表》等。

这类专谱对专门学术领域和谱主某一时期活动的研讨，较之一般通谱尤为有用，这是年谱中值得发展的一种体例。

3. 合谱

合谱与合刊不同。合刊是一种流通形式，是把几种内容性质接近的年谱合在一起刊行流传，每人仍保持单谱的地位，分刊仍可单行；合谱则是一种编纂体例，是把有关人物写成一个谱，无法单行。最早的合谱是把宋代文学家苏洵、苏轼、苏辙父子三人合写成《三苏先生年谱》，可惜此谱失传。元李道谦合丘处机等七位道士而编成《七真年谱》，是现存最早的合谱。清人林春溥编的《孔门师弟年表》是以孔子为主，联同孔门弟子21人，合为师生一编。乾嘉时金石家翁方纲自编《翁氏家事略记》即始于明正德二年（1507），简记家世世系，成为翁氏家族的合谱。

近人编制合谱较前有所发展，并且有不同的合谱方式。

有父子合谱的，如刘盼遂为乾嘉时汉学家王念孙、王引之父子合编《（高邮）王氏父子年谱》，以父为主，以子为附，子于出生时起附入父谱，并以低一格注明附字再叙事。其他如钱穆为西汉目录学家刘向、刘歆父子合编《刘向刘歆父子年谱》，夏承焘为词人李璟、李煜父子合编《南唐二主年谱》等。

有夫妇合谱的，如许维遹（yù）为乾嘉时经学家郝懿行、王照圆夫妇合编《郝兰皋夫妇年谱》。此谱以郝懿行为主，间及王照圆事迹，于乾隆二十八年（1763）（郝懿行七岁）条下始附入《继配王安人瑞玉年谱》，但于郝的卒年，谱即告终，而王氏尚存世近20年。其不续编王谱的理由是，自郝氏去世后，王氏便回家乡居住，"事迹萧沈，无从稽考"，所以合谱便结束在郝懿行卒年。其他如黄盛璋所编《赵明诚李清照夫妇年谱》，记宋代金石家赵明诚与女词人李清照夫妇事迹。

有家族人物的合谱，如《庐江钱氏年谱》便是自元元统元年（1333）庐江钱氏始祖起，至清宣统三年（1911）止的全家合谱，始编于钱仪吉，而由钱骏祥续编，前后跨度达五百余年之久。

有将从事共同事业者合编于一谱的，如《范西屏施定盦（庵）二先生年谱》就是将雍乾时期两位著名棋手编为一谱。此谱采用表体，表分四栏：首记年次，次记干支，再次记谱主行事，末记资料，均为弈棋之事，内容简略而便于翻检。方壮猷（yóu）所编《南宋编年史家二李年谱》即为《续资治通鉴长编》撰者李焘和《建炎以来系年要录》撰者李心传二人的合谱。

梁启超像

近代学者梁启超提倡合谱，他认为："从前有许多人同在一个环境，同做一种事业，与其替他们各做一部年谱，不如并成一部，可以省了许多笔墨和读者的精神。"（《中国历史研究法补编》）这是有一定见地的。当然，合谱必须具备适合的条件，如亲密关系和共同事业等。不过，具备这种条件的终究是少数，所以合谱在年谱中的数远不如通谱、专谱之多。

六、刊行与流传

年谱的刊行与流传方式大致有四种。

（一）稿本

它包括谱主自撰和他人补撰追著的稿本。谱主自订年谱，所记多是耳目见闻和个人经历，又因是未刊稿本，所以大多没有来得及修改，隐晦较少而易得实情。如天津图书馆所藏何葆麟自撰的《悔庵自订年谱》，因谱主身处清末民国初年的过渡时期，虽篇幅不多，但内容颇可供参考。其民国二年（1913）条，记这年八月初一，张勋等入南京时"大肆劫掠，商民之家，无一能免，甚有连劫三五次者"。可见北洋军的暴行。但也有一些自订年谱稿本内容毫无意义，如南开大学所藏《延秋山馆自订年谱》稿本，谱主蒋曾爚（yuè），一生碌碌无为，不足称道，所记为家事及其子孙仕历与乡居事务，无可供采择者。他人补撰的稿本有两种不同情况，一种是补撰前人没有撰写过的年谱，另一种是前人已有所撰述，又别撰或增订者。这类稿本多半是编者未定待刊稿，内容和文字均有待于订正，如天津学者王汉章一生撰谱多种，有《刘继庄年谱初稿》《纪晓岚年谱》《盛意园先生年谱》《天南遁叟年谱》等。王氏殁后，遗稿均归天津图书馆。细检各谱，内容有补缺或增订，但均嫌简略。又如陈乃乾所编《黄九烟年谱》和《重编汤文正公年谱》，二种均见于陈氏所编《共读楼所藏年谱目》，并注明"稿本待刊"字样，后来各年谱目录多据陈目辗转著录，但入藏情况不明。

有的稿本虽见于著录，但已确知原稿已佚，如王兆符所编《方望溪年谱》，据苏惇（dūn）元所编的《方望溪年谱》自序和该谱的戴钧衡序中都明确指出王编方谱"今皆无传本"，"世亦绝未之见"，可证王编方谱已为佚谱。

有的稿本因别有抄本和刊印本，则其史料价值就相对低，如方浚师所编《随园先生年谱》，据年谱目录著录除稿本、抄本外，还有《大公报》、大陆书局二种铅印本和《近代名人年谱丛刊》本。

有的稿本则是未完稿，如上海图书馆所藏《张秋岩年谱》稿本，谱主张焕宗，别字秋岩，清康熙时人，一生以教读、做幕客为主。此谱自序作于乾隆四十三年（1778）其60岁时，另据归朝熙序称谱主自记60年一个甲子之事，则是谱应记至乾隆四十三年，而细检此谱，实际记至乾隆二十九年（1764），显系未完之谱，但不知是否未记完，或已记完而后散佚成残本，殊难断定。

（二）抄本

有传抄本和清抄本之分。

有的抄本是据稿本传抄，如国家图书馆所藏《襄勤伯鄂文端公年谱》四卷是一个旧抄本，文字粗疏，书法拙劣，不是一个好的抄本。上海图书馆所藏李钟文的《十年读书之庐主人自叙年谱》，据该谱谱后许谷人所作识语而知此谱为许氏传抄涵芬楼藏本。

有的抄本，书法端正，抄写清晰，很像清稿本，但实际上却是清抄本，如国家图书馆所藏贺培新编的《水竹邨人年谱稿》和叶伯英的《耕经堂年谱》便属此类。《水竹邨人年谱稿》封面里有注称："原空格者照空，有朱圈者皆空格，凡注皆双行。"这个注说明此抄本和所据本有所不同，可证它是抄本。因所抄清楚、端正，所以称为清抄本。至于《耕经堂年谱》，我曾藏有一本（"文化大革命"中被烧），笔画清楚，装订整齐，曾和国家图书馆所藏相核，其纸张、字迹、行款、格式、分卷、装订完全一样，可见它是谱主定稿后请书手传抄多份送人的清抄本。

（三）油印本

一般说来，油印本多半是基本上已成定稿，但还准备征求意见加以充实补订，所以油印分发；有的或是成稿没有得到刊行的机会，先少量油印散发，借以保存。

油印方式有的是刻写油印，如王焕为清乾嘉时督抚陶澍（shù）所编的《陶文毅公年谱》；有的则是打字油印，如《黎元洪年谱》。

有的年谱并非由原编者所印发，而是由后人印发，如法式善编的《洪承畴年谱》，并非当时油印，而是后人因洪承畴是清初重要的反面人物，但又不值得正式刊印，于是便打字油印加以流传。有的谱主虽不甚重要，但谱中却记录了不少史料，如赵守纯的《雪鸿山馆纪年》，原为中山大学图书馆馆藏稿本。谱主赵守纯是清道光咸丰时人，曾在江苏道府州县做幕客多年，办过捐输①，在浙江做过知县。本是个微不足道的人物，但他自编年谱稿中却记了一些与太平天国、小刀会和金钱会有关的资料，可供参考，但又没有大量刊行的必要。所以，1958年广州古籍书店即据稿本油印复制，供专业人员使用。

（四）刊印本

年谱以正式刊印的居多，刊印的方式多种多样，有精美的写刻本，如王士禛《渔洋山人精华录笺注》所附的《渔洋山人自撰年谱》；有大多数年谱采用的木刻本，数量最多；其他还有木活字本、石印本和铅印本等。这些刊印本以四种不同的流传形式传播。

1. 单行本

刊印的年谱自成一书，独立流传的称为单行本。它们有的是由谱主自己或家族印行的，称为家刻本或家印本，这部分数量较多，如赵光的《赵文恪公自订年谱》是光绪十六年家刻本；也有由别人和书店印行的，如陈训慈为唐中立编的《博斋先生年谱》就是1928年成都复真书局刊本。

2. 合刻本

合刻本与合谱不同。合刻本是把谱主事迹相近或相似的几种单谱

---

① 捐输：亦称捐纳，是封建时代政府通过个人捐银、捐粮授予官职（虚衔与实职），以增加政府收入和解决诸如筹饷、赈灾、备边、战争、兴办工程等经费来源的一种手段。起始于秦朝，明清尤盛。清代乾隆之前对捐输授官尚有一定限制，鸦片战争之后，广开捐例，清末时各省捐纳人员已无法安插。捐输成为封建政府的一大弊政。

合在一起刊行，但仍保持各自的独立性，如《归顾朱三先生年谱合刊》就是把归有光、顾炎武和朱柏庐三人的单行谱合刊在一起。这种合刊代表着合刊者对各单谱谱主的看法，至少认为他们在学术上有相近或相似之处。

3. 丛书本

明清以来，丛书日盛，有些丛书就收刊多种年谱，如清代《嘉业堂丛书》中就有查继佐、阎尔梅、顾炎武、查慎行、厉鹗、瞿中溶、李兆洛、徐同柏、张金吾等人的年谱。其他如《畿辅丛书》《山右丛书》等也多收有年谱。

4. 附刻附印本

有的年谱并不单行，而是附在其他专集、宗谱和报刊里。其中以附在诗文专集者为多，如陈玉绳编的《陈星斋年谱》即附在谱主陈兆苍（lún）的《紫竹山房诗文集》中；严荣编的《述庵先生年谱》即附在谱主王昶的《春融堂集》卷首。解放后出版的诗文集也常附入年谱，如《郑板桥集》就附有《郑板桥年表》；《蒲松龄集》就附有《蒲柳泉先生年谱》。

附刊在家谱中的年谱一直不被人所注意，实则往往收有有用的年谱，如《毗陵庄氏族谱》卷十二的《庄恒自叙年谱》，谱主庄恒是明朝遗老，所记为遗老生活和家世变迁状况；同卷的《胥园府君年谱略》是乾隆时任过广东布政使的庄肇奎的年谱。又《毗陵唐氏家谱》中有《清大司马蓟门唐公年谱》，谱主是康雍时期的刑部尚书唐执玉。《华亭王氏族谱》中有王兴尧的《遂高园主人自叙年谱》和王清瑞的《鹤闲草堂主人自述苦状》二种。

至于报刊上发表的年谱大多是辛亥革命以后人所作。这批年谱散见于各种报刊，可利用报刊索引等工具书去求书。

七、史料价值

年谱史料价值的总估计，不外两个主要方面，一是为历史人物的生平提供资料，使已有传志但却简略的人物资料得到丰富、补充，没有传志的人物则填补了空白；二是为论史、证史提供论据。

年谱是一种人物传记，它记述了一个人物的生平事迹和某些评论。有些重要历史人物的传志比较简略，如仅记仕历，或有重点地选记，或只记最后官阶、最高官阶；而年谱则记其仕历的逐步过程，并记及宦海浮沉中错综复杂的矛盾关系，可以借此了解这一人物在政治集团中的地位和派系关系。有些镇压人民的刽子手，传志只能综括其所谓"勋业"，而年谱则能见其镇压手段的阴鸷、毒辣和镇压反抗的全过程。至于一些文人学者的年谱，大多是经过撰者研究探讨，比达官显宦年谱的单纯排比事实，更为有用。它可以借此了解谱主科举进学的程序、用功的标准、遗著佚作的梗概、师友的渊源和生徒传授的关系等。对于一些湮没无闻而确有贡献的人则可因谱而知，如评剧创始人之一的成兆才，本不为人所知，但经撰者钩稽成谱，使人们对这一民间艺术家的生平和贡献就能有所了解。所以有人曾誉年谱为"最得知人论世之义"（孙德谦《古书读法略例》）。由于年谱所包括的既有重要人物，也有微不足道的人物，所以，它的使用价值较高。

年谱中所记的人物生平，还可用来校核某些有关人物生平的书籍。我曾用年谱校姜亮夫编的《历代人物年里碑传综表》清人部分，结果校出一人两载之误，以及名号、年龄生卒、籍贯、出处、编者、书名缺误等达五十余条（详见本章八"实用效应"）。

但是，在借助年谱来了解人物生平事迹时，必须注意一个问题。因为年谱大多出于子孙和门人、朋友，他们对谱主的评论不能不有所虚美。即使是时代相隔的后人，也多是由于钦敬其人其学，方为撰谱，而不能不有所偏爱。因此，人物生平事迹或评论往往均须特别考虑。其中最能作为典型例证的莫若《是仲明先生年谱》。谱主是仲明名镜，康熙至乾隆间人。其门人张敬立据是镜日记编谱，叙谱主修身、讲学、论道诸事。如仅从年谱记事看，则谱主一生俨然为一"醇儒"，但考之其他著作，则此人甚不齿于时人。阮葵生的《茶余客话》卷九有《是镜丑态》专条，揭露是镜的丑行，并评论他是"诡谲诞妄人也，胸无点墨，好自矜饰，居之不疑"。董潮的《东皋杂钞》卷二记是镜为其胞弟告发不法之事三十余款。段玉裁的《戴东原先生年谱》中记是镜被东原鄙弃，甚至拒绝和他讨论学问，并致书讥讽。江瀚的《石翁山房札记》卷九更指出《儒林外史》中人物权勿用"即指仲明"，可证此谱为不足征信。

年谱中除了对了解人物提供一些资料外，还蕴藏着一些可供证史论史的史料。对于这部分史料大致可作如下四种情况的估计：

（一）年谱记事琐碎平庸，人与事都不足述

即使有点与史事有关的记载，也大多支离破碎，不能超出其他记

载的范围而有所补益，如清初的王崇简是一个由明入清、碌碌平庸的官僚，他的《自订年谱》记本人和诸子的仕历及家事，无史料可供采择。又如嘉道时的杜受田是一个无所建树、尸位素餐的官僚，卒后，其子杜翰等记其仕历及受恩宠荣哀等事，用以代行状，也没有什么可用的史料。这一类年谱数量较少。

（二）年谱记载的资料可与其他记载相互印证、补订

有些方面比其他记载丰富而具体，涉及的问题也较多。这部分年谱数量较多。这里略举几个方面的例证来说明：

1. 关于制度和政策

《蒙斋年谱》（田雯）记康熙前内阁中书的不为人重视；《易斋冯公年谱》（冯溥）顺治十七年（1660）条记派汉官考察满员一事，康熙五年（1666）条记议派大臣二员在各省督抚衙门旁设署考察督抚而遭反对一事，都与官制有关。

《孙宗彝年谱》（孙宗彝）顺治十三年（1656）条记高邮地方按房征役的苦累状况是"倾家丧命，年年有之，惟有献房于豪家或拆屋逃去，以避差徭"。顺治十八年（1661）条记高邮地方按田、按丁征役的苛烦，而丁差尤苦的情状，可见清初徭役制的残民。

《漫堂年谱》（宋荦）、《范忠贞公年谱》（范承谟）、《楼山省身录》（王恕）等记康雍乾时的江南漕运的状况，与漕运制度有关。

《仁庵自记年谱》（魏成宪）道光元年条记山西丁徭合办事，

与田赋制度有关。

《陈恪勤公年谱》（陈鹏年）、《栗大王年谱》（栗毓美）等所记多与河工有关。

《介山自订年谱》（王又朴）、《先水部公年谱》（许惟枚）等所记多与盐政有关。

《述庵先生年谱》（王昶）、《海梁氏自叙年谱》（杨国桢）等所记多与铜政有关。

《开封府君年谱》（孙孟平）、《㧑（huī）庐氏自编年谱》（童以谦）、《惜分阴轩主人述略》（周憬）等记太平天国在安庆、嘉定、无锡等地推行乡官制度之事。

《容庵弟子记》（袁世凯）记新建陆军的建制与扩展等事。

2. 关于人民的反抗斗争

《阿文成公年谱》（阿桂）、《沈端恪公年谱》（沈近思）、《德壮果公年谱》（德楞泰）、《忠武公年谱》（杨遇春）、《王壮节公年谱》（王文雄）、《罗壮勇公年谱》（罗思举）、《弇（yǎn）山毕公年谱》（毕沅）、《韩桂舲（líng）手订年谱》[韩崶（fēng）]及《恩禧堂年谱》（英和）等谱都记有与台湾朱一贵、林爽文起义，各少数民族起义、川楚教军大起义、天理教起义和棚民反抗等有关的资料。

《独学老人年谱》[石韫（yùn）玉]嘉庆八年条所附《教匪始末》记川楚诸省白莲教史事较详，其中记有白莲教分土地的号召；谱后所附《竹堂治谱》则有与啯噜会及其他秘密结社有关的记载。其他如《黄昆圃先生年谱》（黄叔琳）之记无为教、《思补老人手订年谱》（潘世恩）、《稚圭府君年谱》（周之琦）之记江西编钱会都有参考价值。

《吴文节公年谱》（吴文镕）、《裕庄毅公年谱》（裕泰）、《张制军年谱》（张亮基）等谱所记鸦片战争后湖北崇阳钟人杰起义资料，《稚圭府君年谱》记耒阳杨大鹏起义资料，都可补清朝官书及疆臣奏疏的不足。

3. 关于社会经济

《敬亭自订年谱》（沈起元）、《病榻梦痕录》（汪辉祖）等记乾嘉时米价、田价、木棉价及银钱比价的具体数字比一般记载为详。

4. 关于自然灾害

《黄昆圃先生年谱》记乾隆四年（1739）六月山东53个州县蝗灾和山东曹县黄河泛滥，以致73个州县遭受水灾。

《吴文节公年谱》、《绳其武斋自纂年谱》（黄赞汤）都详细地记述了鸦片战争后，由于五口通商使旧交通线上的运输工人和某些相应行业的人员失业的情况，以及这种情况将对社会秩序所产生的后果。

《马端敏公年谱》（马新贻）、《崇德老人自订年谱》（曾纪芬）等记太平天国失败后，封建剥削制度恢复和发展的具体事例。《王文勤公年谱》（王庆云）记有清代的田赋和徭役。

5. 关于文化

《蒲松龄年谱》、《孔尚任年谱》、《洪昇年谱》和《吴敬梓年谱》对研究文学名著《聊斋志异》、《桃花扇》、《长生殿》和《儒林外史》等书的创作情况、流传和评论等都有所裨益。

《纪晓岚先生年谱》（纪昀）、《查他山先生年谱》、《澄怀主人自订年谱》（张廷玉）、《雷塘庵主弟子记》（阮元）等都较详细地记述了《四库全书》、《佩文韵府》、《续文献通考》、《康熙字典》和《经籍纂诂》等书的纂辑过程。

《张力臣先生年谱》（张弨）所记为梓板写书事，可备清初精刻本的书林掌故。

《仪卫轩年谱》（方东树）记清代前期汉宋学之争颇详。

《卢抱经先生年谱》（卢文弨）、《黄荛（ráo）圃先生年谱》（黄丕烈）、《校经廎自订年谱》（李富孙）、《顾千里先生年谱》（顾广圻）、《臧在东先生年谱》（臧庸）、《可读书斋校书谱》（钱泰吉）等记清代版本目录和校勘学等资料颇备。

《查东山先生年谱》（查继佐）、《吕留良年谱》（吕留良）、《查他山先生年谱》、《南山先生年谱》（戴名世）、《张文恪公年谱》（张泰开）记清代庄廷钺（lóng）、吕留良、查嗣庭、戴名世、胡中藻等文字狱案始末颇详。

《湘绮府君年谱》（王闿运）所记撰《湘军志》始末以及时论纷纷等情况甚详。《侯官严先生年谱》记其译《天演论》之事。

6. 关于重大历史事件

《雅园居士自叙》（顾予咸）记有清初"哭庙案"的资料。

《李文襄公年谱》（李之芳）、《平南王元功垂范》（尚可喜）、

《范忠贞公年谱》、《陈恪勤公年谱》等谱都记有"三藩事件"的资料。

《海梁氏自叙年谱》（杨国桢）、《梦盫居士自编年谱》（程庭鹭）、《葛壮节公年谱》（葛云飞）、《兰史自订年谱》（王锡九）、《稀龄追忆录》（黄恩彤）等谱均记有与鸦片战争史事有关内容。

《惕盫年谱》（崇实）记咸丰三年（1853），太平军声势甚大，清廷向包括崇实在内的18家富宦勒捐饷银的情景，可见清廷财政之枯窘。

《张文襄公年谱》（张之洞）、《吴兴周梦坡先生年谱》（周庆云）中记有戊戌变法时期"东南互保"的情况。

这类年谱中虽然有些可供采择参证的史料，但也必须注意到其中许多年谱或出于自订、或出于子孙及友生之手，不免有夸大炫耀的成分，如徐广缙的《仲升自订年谱》就掠取群众抗英斗争之功为己有。林绍年编的《张制军年谱》说"湘军之发现"始于张亮基，都不符事实。有的年谱甚至还为谱主的污行曲加讳辩，如金鹤冲编的《钱牧斋先生年谱》（钱谦益）就有意为谱主的降清辩解，其跋中竟称："先生当危亡之际，将留身以有待，出奇以制胜，迄无所成，而为腐儒所诟詈，亦先生之不幸也。"并以此观点搜集资料，恣意论列。又如严璩编的《侯官严先生年谱》为其父严复参加"洪宪帝制"反复辩护。类此都应该详审事实，严加剖析。有些年谱摘引奏疏、著作甚多，便于翻检，但如所据原书有刊印传本，则应溯本求源去检核原始材料，以尽量避免传讹之误。

（三）年谱所记资料为他书所未及，有助于论证问题，使其更加全面、更为有力，有的甚至还能解决存疑的问题

这类年谱的数量也较少。择要举例如下：

（1）《赵客亭先生年谱纪略》（**赵于京**）康熙四十八年（1709）条记河南卢氏棚民反抗斗争情况甚详。南山棚民的反抗，清人著作多有论及，但河南棚民的反抗尚不多见。

（2）《冯旭林先生年谱》（**冯春晖**）道光三年（1823）条记山东临清马进忠起义甚详。此次起义虽为时不过三个月，但声势遍及河北、山东，立"天心顺"年号，设大将军、军师、尚书等官职，最后惨遭杀害和处刑的有五百余人。这是李文成起义失败后的一次较大起义，其他著述中尚不多见。

（3）《文文忠公自订年谱》（**文祥**）咸丰三年（1853）二月条记太平军攻克金陵后，北京的"阛城钱铺于二月初同日关闭……任京职者纷纷告假出都"。同年九月条又记太平军北伐至天津时，"内外城均设严防，京官甚有不待请假即仓惶出城者"，于此可见革命声威之盛和京城震惊的具体情况，为其他记载所不及。

（4）《余孝惠先生年谱》（**余治**）咸丰三年至同治三年（1864）间各条，记谱主先后撰写《劫海回澜文》三卷及《公侯赞》《劝农同胞案》《英雄谱》《绿林铎》《皇恩歌》《亲恩歌》《解散歌》等反动诗歌戏曲，并绘《江南铁泪图》42帧到处劝捐，大肆攻击太平天国革命，妄图从思想上瓦解和破坏革命。谱主竟因此而由附生① 被保举为训导加光禄寺署正衔。

（5）《恬退老人自订年谱》（**许鋐**）光绪元年（1875）条记谱

---

① 附生：古代科举名词，始于明代。明代在廪膳、增广生定额之外所取的府州县学生员，因附于廪膳、增广生之后，故称为附学生员，简称附生。清代相沿。

主父春荣始为布贩，同治五年（1866）就开设了大丰洋布号，成为洋布商。光绪二十四年（1898）条则记春荣已于光绪十六年（1890）由洋布商出任德华银行华方经理，成为金融买办，而谱主则先后入英商有利、汇丰及德华银行供职，成为金融买办的候补者。由此可见一个普通布商如何转化为金融买办的具体过程。

（6）《乐农自订行年纪事》（荣德生）是一部民族资本家的发家史，记荣家由经营钱庄，进而经营面粉、制米、纱厂各种企业的过程，可以看出一个高利贷者如何转化为民族资本家的具体过程。

（7）《鹤闲草堂主人自述苦状》是嘉道时人王清瑞（一名王清亮）的自谱，附刊于《华亭王氏族谱》中，因此未被人注意。此谱道光二十二年（1842）六月条下自注说："余辑《溃痈流毒》一书。"谱后所附姚椿一诗的自注中也说："君辑《溃痈流毒》一书，详载咦[1]夷反复事。"此可解决一直不知《溃痈流毒》一书作者为谁的疑问。

（四）有些史料在一些正式史籍中没有记载，但又对了解社会有重要关系

如科举得功名后，社会地位与经济地位的显著变化，众人皆知，年谱对个人荣枯、家族兴衰往往有较详记录，如《黄劬（qú）云年谱》中记顺治八年（1651）谱主中秀才时，就可免胥吏之勒索："是时余幸得一衿，庶吾父得免里甲之株连，胥役之逼勒，不至以非辜受楚，

---

① 咦：清代官书及清后期某些个人著作中，对西方国家国名的书写时常加上"口"字偏旁，如咦咕唎等，以表鄙视之意。

被羁挚。"而顺治十一年（1654）中举后情状更为改观，谱云："迨念五日发榜，余中式第五十一名而后，喜可知也。四方亲友或馈米，或予银皆来称贺。且公言曰：此祖业悉听赎回。由是奕叶箕裘，借以不坠。昔日之屡空者，一朝而充裕；昔日之徒步者，一朝而舆从。功名之际，盖可忽乎哉！"可见范进中举之稗说亦当有据也。又如《梁燕孙先生年谱》，因谱主浮沉于晚清民初政坛时间较久，又参与机要，年谱编者又从政治着眼，所记多有关政局变幻而系统记事之下多罗列资料，颇便稽考，对研究晚清民初史事有较大参考价值。

上述数例可证年谱中确有有价值的史料，但可惜这类年谱的数量较少，又较零散，若能细加翻检则所获有助于论证史事。

八、实用效应

年谱记录谱主字号，生卒年、里贯、出处等项在传记中为特详，而一般传记及年里生卒工具书往往有误，以致贻误用者。我曾于读谱过程中，以姜亮夫撰《历代人物年里碑传综表》为校核对象，颇有所获。

姜亮夫《历代人物年里碑传综表》（以下简称《综表》）初刊于1937年，修订重刊于1959年。全书收列人物达11 000余人，上下历时2000余年。表分姓氏、字号、籍贯、岁数、生年、卒年及备考（即碑传出处）七栏。全书起讫时间之长，所收人物范围之广，至今尚无第二本书堪与之相比，而成书之后，纂者又重加增订补正，足征不吝精力，期于完善的用心。但因人物记载歧出，资料收罗难备，间有讹差，也在所难免。积年以清人年谱与《综表》清代部分比较，频有致疑，随手札录眉端。现采撷眉注，略加编次，类分六例，以见年谱的实用效应。

（一）一人两载之误例

《综表》序例称："一人两载的事，不出两种原因：一碑传中名号不一，因而歧出；一是碑传中有生卒皆书者，有只书卒年者，各据入录，遂致歧出。这是最难扫清的一件事。"实则两载之人，往往行篇相连，若细加校核，是易于发现的，兹举四例：

（1）《综表》页485分列李天植、李确二条，中间仅隔李清一人。两条所记生卒年尽同，其相异部分是：

李天植　字因仲　平湖人
李　确　字潜夫　乍浦人

［按］：李确条备考栏注称："原名天植，字因仲，后更今名，号蜃园。"据此即可判定天植与确为一人。罗继祖编《李蜃园先生年谱》载谱主李天植，字因仲，后更名确，字潜夫，浙江乍浦人。前后名字了然，而乍浦是平湖县属东南港口，则李天植与李确本为一人，不应两载。

（2）《综表》页511分列钱汝霖、何汝霖两条，中间隔四人。二汝霖生卒得年均为明神宗万历四十六年（戊午，1618）至清康熙二十八年（己巳，1689），得年72。其相异部分是：

  钱汝霖 字云士 海盐人 备考栏注称：钱象仁
撰紫云先生年谱

  何汝霖 字商隐 缺籍贯 备考栏注称：清有两
何汝霖

  [按]：钱汝霖六世孙钱聚仁于道光七年（1827）
曾撰《紫云先生年谱》，一题《商隐公年谱》。谱载
谱主钱汝霖，字云耜，号商隐，浙江海盐人。《综表》
所据即此谱，但讹误有四：①钱汝霖本姓何，先世育
于钱，遂承钱姓。此何汝霖实为钱汝霖之本名，二者
实即一人。②云士与云耜音同，或两用，但应以谱载
为准。③钱象仁应作钱聚仁。④备考注称"清有两何
汝霖"。所谓另一何汝霖据《知所止斋自订年谱》称：
谱主何汝霖字雨人，又字润之，江苏江宁人。清乾隆
四十六年（1781）生，咸丰二年（1852）卒，年72岁。
而明清之际何汝霖乃钱汝霖本姓之名。

（3）《综表》页690列王权、王源通为两条，中间仅隔二人。
二条生卒年相同。其相异部分是：

  王 权 缺字及籍贯 备考栏注称：王廷鼎作府
君年谱。

  王源通 蟾生 震泽人 备考栏注称：初名权 俞

樾（yuè）撰王蟾生传。

[按]：王权之子王廷鼎撰《王蟾生年谱》二卷（原题《府君年谱》），谱称谱主王权，后更名源通，小名传声，因谐其声曰蟾生而为字。谱前即附俞樾撰传一篇。《综表》既于王源通条注称"初名权"，又于王权条注引《府君年谱》，其误极易核正。此二条应并作一条，其式可作：

王源通　字蟾生　震泽人　备考栏注称：初名权。王廷鼎：《府君年谱》。

（4）《综表》页642载：

钱杜　叔美　仁和　八二　清高宗乾隆二九甲申一七六四。

清宣宗道光二五乙巳一八四五　备考栏注：初名榆，号松壶，或作卒道光二十四年　清画家诗史己下清代学者象传卷四　墨香居画识九　程序伯文集。

又页732载：

钱杜　叔美　仁和　缺岁数及生卒　备考注称：初名榆，号松壶　墨香居画识九。

清画家诗史己下　清代学者象传卷四　或作卒道

光二十四年。

　　［按］：此误似即《综表·序例》中所称："碑传
中有生卒皆书者，有只书卒年者，各据入录，遂致歧
出"而"最难扫清者"。但此二条所据碑传基本相同，
不应致误。

（二）名号缺误例

《综表·序例》称："一人名、字、号，往往有记载异者，兹以
所用碑传为主，其异说或亦偶尔采入。但一人别号有至数十个者，则
非本书所能容纳，故采入者以通行的为主。"尽管如此，名号仍有缺
误者。兹举 13 例：

（1）《综表》页 493 载：

　　陶汝鼐　字燮友　备考栏注称：号密庵。
　　［按］：梅英杰《陶密庵先生年谱》称：谱主陶
汝鼐字仲调，一字燮友，别号密庵。如此，则应以字
仲调为是。

（2）《综表》页 494 载：

　　万寿祺　字介石　备考栏注称：号年少。
　　［按］：罗振玉《万年少先生年谱》称：谱主万
寿祺，字介若，一字年少，则《综表》之字介石当为

介若之误。

（3）《综表》页561载：

唐执玉　字益功　备考栏注称，又字苏门。

［按］：唐鼎元《清大司马蓟门唐公年谱》称：谱主唐执玉，字益功，号蓟门。苏门为蓟门之误。

（4）《综表》页563载：

沈近思　字阆斋　备考栏注称：又字位山，号俟斋。

［按］：清沈曰富撰《沈端恪公年谱》二卷，谱称：谱主沈近思，字位山，号阆斋，又号俟轩。是《综表》将字号误倒，而俟斋又为俟轩之误。

（5）《综表》页563载：

张朝晋　字华皋　备考栏注称：号北湖。

［按］：清张京颜《先府君北湖公年谱》称：谱主张朝晋，字莘皋，号北湖。此华皋当为莘皋之误。

（6）《综表》页594载：

陈大化　缺字　备考栏注称：陈诗撰《廉访陈公

年谱》。

　　［按］：陈诗《廉访陈公年谱》称谱主陈大化字鳌士，号莳池，一作莳池。《综表》所据即此谱，不知为何付缺。

（7）《综表》页595载：

　　阿桂　字文成　备考栏注称：王昶等纂《阿文成公年谱》34卷。

　　［按］：王昶等纂《阿文成公年谱》称：谱主阿桂，姓章佳氏，字广庭，号云岩，卒谥文成。由此可知，文成为谥号而《综表》误作为字。

（8）《综表》页621载：

　　孙蔚　缺字　备考栏注称：《逸云居士年谱》（自订）。

　　［按］：孙蔚自编《逸云居士年谱》称：谱主孙蔚，初名家模，字受全，后更今名，别字守荃，号逸云居士。谱载字号甚详，而《综表》缺而未载。

（9）《综表》页663载：

　　斋清阿　缺字　备考栏注称：斋常恩《斋威烈公

年谱》。

[按]：常恩编《斋威烈公年谱》称：谱主斋清阿姓纳喇氏，字祝澄，号竹塍（chéng）。《综表》虽据此谱而未载字、号。又常恩作斋常恩系不明满人姓名习惯，而将父名首字误沿用作子姓。

（10）《综表》页670载：

庄裕泰　缺字　备考栏注称：庄长善等同撰《裕庄毅公年谱》。

[按]：长启长善等编《裕庄毅公年谱》称：谱主裕泰，姓他塔喇氏，字东岩，号余山，卒谥庄毅。此庄裕泰之条目应作裕泰，《综表》将谥号庄毅之上一字冠于裕泰前作姓，实为大误，又将庄字冠于裕泰之子长善作姓，尤误。

（11）《综表》页676载：

徐栋　字玖初　备考栏注称：玖初自谱，子炳华等续。

[按]：《致初自谱》载谱主徐栋，初名棻（fēn），字德为，号志初，后改致初，别名筱麓。《综表》既误致初为玖初，又不列字德为而将号作字，谱名亦随

之而误。

（12）《综表》页 676 载：

　　李基溥　　缺字　　备考栏注称：思补过斋主人自叙年谱。

　　［按］：基溥自叙年谱称：谱主基溥，字润野，号焕堂，正白旗汉军人。其子钟文曾为此谱作双行补注。钟文自冠汉姓李作李钟文，曾自撰《十年读书之后主人自叙年谱》（许氏传抄本）。基溥未冠汉姓，似不应以其子之汉姓冠基溥之上？

（13）《综表》页 682 载：

　　王懿德　　缺字　　备考栏注：王家勤撰王靖毅公年谱。

　　［按］：《王靖毅公年谱》称：谱主王懿德字绍亭，号春岩，又号雨坡。《综表》既据此谱，何未录其字号？

（三）得年、生卒年缺误例

《综表·序例》称："本书重点在生卒，故对此不能不十分审慎。"修订本确有订正，但仍有缺误者。兹举十例：

（1）《综表》页492载：

李世熊　万历二十八年（1600）生，康熙二十三年（1684）卒，年85岁。备考栏注称：或作卒1683年，世熊自撰寒友岁纪。

［按］：李世熊自编《李寒支先生岁纪》称：谱主李世熊，明万历三十年（1602）生，清康熙二十五年（1686）卒，年85岁。又黎士弘《托素斋文集》卷四载谱主墓表所书生卒年与《岁纪》同，《综表》生卒年均有误，又"寒友岁纪"当为寒支之讹。

（2）《综表》页496载：

傅山，明万历三十三年（1605）生，清康熙二十九年（1690）卒，年86岁。

［按］：丁宝铨编《傅青主先生年谱》称：傅山，明万历三十五年（1607）生，清康熙二十三年（1684）卒，年78岁。丁编傅谱，资料丰富，又经缪荃孙、罗振玉等参订，傅山生卒年及得年似应以此为准。

（3）《综表》页566载：

鄂尔泰，康熙十六年（1677）生，乾隆十年（1745）

卒，年 69 岁。

［按］：鄂容安等编《襄勤伯鄂文端公年谱》称：鄂尔泰康熙十九年（1680）生，乾隆十年卒，年 66 岁。《综表》误增三岁。

（4）《综表》页 575 载：

耿介，缺生年，康熙二十七年（1688）卒，缺年龄。备考栏注称："碑传集作卒年七十一，则生于一六一八年。"

［按］：耿介自编《纪年述略》（《敬恕堂文集》附）称："先太恭人……尝从容为余言曰，忆昔癸亥年闰十月十八日夜半十时将生汝之时。"可见生于癸亥。又《敬恕堂文集》卷首窦振起撰《嵩阳耿先生纪略》称："先生生于明天启三年癸亥十月十八日，卒于皇清三十二年癸酉二月二十六日，享年七十有一。"可见耿介当生于明天启三年（1623），卒于清康熙三十二年（1693），年 71 岁。此可补《综表》生年及年龄之缺漏，正卒年及备注之讹误。

（5）《综表》页 570 载：

王又朴　康熙二十年（1681）生，乾隆二十五年

（1760）卒，年80岁。备考栏注称：据《介山自定年谱》。

[按]：《介山自定年谱》自记至乾隆二十五年：80岁整。但谱前具载谱主于乾隆二十六年（1761）二月初三自叙一篇，则谱主绝非卒于乾隆二十五年，寿亦不止80岁。《综表》误以自谱之止年为谱主之卒表。

（6）《综表》页530载：

李因笃　崇祯六年（1633）生，缺卒年，年岁估定为74岁以上。

[按]：吴怀清编《天生先生年谱》称李因笃崇祯四年（1631）生，康熙三十一年（1692）卒，年62岁。吴怀清曾于谱中考订称："按康熙十八年己未先生告终奏疏云：臣年四十有九。又顾宁人是年与先生书亦云：弟年四十有九。依此逆推，当生崇祯四年辛未……《续疑年录》作崇祯六年癸酉生误。"如此，则《综表》所估定之74以上之年龄亦误，应作62岁。

（7）《综表》页594载：

韩锡胙（zuò），康熙五十五年（1716）生，卒年缺，备考注引刘耀东撰《韩湘岩先生年谱》。

［按］：刘耀东撰《韩湘岩先生年谱》称韩锡胙，康熙五十五年生，乾隆四十一年（1776）卒，年61岁。《综表》据谱而缺卒年及年岁。

（8）《综表》页625载：

德楞泰　乾隆十四年（1749）生，嘉庆十九年（1814）卒，年66岁。备考引花沙纳撰《德壮果公年谱》。

［按］：花沙纳编《德壮果公年谱》称德楞泰乾隆十年（1745）生，嘉庆十四年（1809）卒，年65岁。《综表》据此谱而生卒年及年龄均误。

（9）《综表》页632载：

凌廷堪　乾隆二十年（1755）生，嘉庆十四年卒，年55岁。备考引《凌次仲先生年谱》。

［按］：张其锦编《凌次仲先生年谱》称：凌廷堪，乾隆二十二年（1757）生，嘉庆十四年卒，年53岁。《综表》据此谱而误录生年，从而年龄亦误。

（10）《综表》页638载：

杨遇春　乾隆二十五年生，道光十七年（1837）卒，年78岁。备考引李惺撰墓志铭，并称当从杨国桢撰《忠武公年谱》作生于乾隆二十六年。

［按］：杨国桢等撰《忠武公年谱》载谱主生于乾隆二十六年庚辰十二月二十五日辰时。但庚辰为二十五年，而二十六年为辛巳，又核全谱所记年次，亦应为二十五年，是"六"字或系"五"字误刻。《综表》据李惺墓志铭定为二十五年生，本无误。而备考中不应从杨谱误刻之误。又杨遇春十二月二十五日生已为公元1761年1月30日，既知具体生年月日，则换算亦当求其精确，作1761年生。

（四）籍贯缺误例

《综表》序例称："本书籍贯大体仍以碑传所载为主，假若正史与碑传同有之人则大体以正史为主。"意即不论所载为州郡、为县镇，或为古地名，皆一以碑传、正史为归，但仍有缺误者。兹举六例：

（1）《综表》页571载：

王　恕　山西太原人。
［按］：王恕自编《楼山省身录》作四川安居人。

（2）《综表》页594载：

陈大化　籍贯缺载　备考引陈诗撰《廉访陈公

年谱》。

　　［按］：陈诗撰《廉访陈公年谱》称，陈大化，安徽庐江人。《综表》据谱而漏著。

（3）《综表》页594载：

　　韩锡胙　籍贯缺载　备考引刘耀东撰《韩湘岩先生年谱》。

　　［按］：刘耀东撰《韩湘岩先生年谱》称，韩锡胙，浙江青田人。《综表》据谱而漏著。

（4）《综表》页625载：

　　德楞泰　籍贯缺著　备考引花沙纳撰《德壮果公年谱》。

　　［按］：花沙纳撰《德壮果公年谱》称，德楞泰，蒙古正黄旗人。《综表》据谱而漏著。

（5）《综表》页640载：

　　升　寅　籍贯缺著　备考引《升勤直公年谱》。

　　［按］：宝林等撰《升勤直公年谱》称：升寅，满洲镶黄旗人。《综表》据谱而漏著。

（6）《综表》页652载：

冯春晖　籍贯缺著，备考引王心照撰《冯旭林先生年谱》。

［按］：王心照编《冯旭林先生年谱》称：冯春晖，河南光州人，《综表》据谱而漏著。

（五）出处、编者、书名缺误例

1. 一书分为二者

（1）《综表》页577厉鹗，备考引朱文藻编《厉樊榭先生年谱》及缪荃孙编《厉樊榭先生年谱》二种。

［按］：缪编系缪荃孙据朱文藻稿本增补而成。收入《嘉业堂丛书》。谱后有刘承干跋一篇，记缪氏增补经过及取材来源。故应注朱文藻编、缪荃孙增订《厉樊榭先生年谱》，或于朱编下注明稿本，以免学人查找。

（2）《综表》页510魏象枢，备考引魏学诚编《魏敏果公年谱》及象枢自订的《寒老人年谱》。

［按］：此谱系魏象枢口授，子魏学诚编录，不

宜列为二种，《寒老人年谱》为《寒松老人年谱》之误，
与《魏敏果公年谱》为同书异名。

（3）《综表》页650顾广圻，备考引赵诒琛编《顾千里先生
年谱》及金山姚氏编《顾千里年谱》二种。

［按］：赵、姚二编实出一手。赵诒琛原编顾谱
一卷，民国十九年金山姚氏据赵稿收入《复庐丛书》
铅印，为初刊本，不分卷。后赵诒琛又增修于次年再刊，
析为二卷，故不宜题姚编。

2. 作者缺误

（1）《综表》页498胡承诺，备考引《胡石庄年谱》而称不
著撰人。

［按］：《胡石庄年谱》题胡玉章编，有《湖北丛书》
本，不得云不著撰人。

（2）《综表》页504陈瑚，备考引孙溥撰《安道公年谱》。

［按］：《安道公年谱》确题孙溥撰，然此指陈
瑚之孙陈溥所撰。非姓孙名溥。《综表》误以孙为溥

之姓而误题孙溥撰。

（3）《综表》页563黄叔琳，备考引颜镇撰《黄侍郎年谱》。

[按]：《黄侍郎年谱》系谱主门人顾镇所撰。《综表》误题颜镇撰。

（4）《综表》页563张朝晋，备考引张守颜撰《北湖先生年谱》。

[按]：《北湖先生年谱》系谱主之子张京颜撰，《综表》误为张守颜。

（5）《综表》页586全祖望，备考引董纯撰《全谢山（祖望）年谱》。

[按]：《全谢山年谱》系谱主门人董秉纯所撰，《综表》误为董纯。

（6）《综表》页690张亮基，备考引林绍年撰《张制军年谱》。

[按]：此谱原题确作林绍年撰，实则为谱主之孙张祖祐据谱主自订年谱稿辑成而请林绍年删定。据该谱所附林绍年跋称："光绪甲辰余拜命摄黔抚事，公

孙祖祐邮致所辑公年谱二卷就正于余。"又张祖祐跋称：
"光绪甲辰（1904）二月祐始就先大父所遗年谱原稿
续辑为年谱二卷。……以姑丈林赞虞尚书秉笔史馆，
历抚滇黔，于公当时情事知之较确，脱稿后即请打正，
复经林丈芟烦补缺，详加考订。"因此，撰者不宜单
题林绍年。

3. 书名有误

《综表》页 676 徐栋，备考引《玖初年谱》。

［按］：徐栋字致初，自撰《致初年谱》，《综表》
既误徐栋字为玖初，随误谱为《玖初年谱》。

（六）排次颠倒例

工具书当以便利用者为尚，人物次序自应依生卒为先后。《综表》
生年尚有次序，而同年生人则不依卒年为次序，以致排次颠倒，翻检
不便，其例较多，仅举三则：

（1）《综表》页 494，自秦重采至刁包 14 人均生于万历三十一
年（1603），而卒年早者有在崇祯十七年（1644），晚者有在康熙
十八年（1679），但排次参差凌乱。

（2）《综表》页 502，自张尔岐至黄机 15 人均生于万历四十年
（1612），而卒年早者有在顺治二年（1639），晚者有在康熙三十三

年（1694），但排次亦参差凌乱。

（3）《综表》页728，自陆润庠至刘春霖15人均生于道光二十一年（1841），而卒年早者有在光绪十五年（1889），晚者有在民国四年（1915），但排次亦参差凌乱。

九、编纂工作

近年以来，年谱编纂工作，颇有发展，数量也日益增多，甚至有为生人编谱者（如《曹禺年谱》）。各种新编年谱的体例不尽一致，当然也无须强求一律。因此，我只以我所编的《林则徐年谱》为据，大略谈点编纂年谱的有关体例，供有志于编写年谱者参考。

（一）确定主旨

编纂年谱首先应该确定主旨，就是确定编纂的主要内容。过去有些年谱的编者曾自述其编纂主旨是：编写谱主生平，治学修身的发展过程及其成就，并兼述谱主家世、师承等内容。这自然是指撰述学者年谱而言，也就是说学者年谱应以学行为主旨而兼及其个人修养、师承交游等。有的人更具体规定学者年谱的内容主旨应包括三个方面：一是进学的次第，用功的标准；二是概述遗著散失情况；三是记录师友生徒湮没不彰的事迹。但是，一个人一生平庸，没有什么学行功业可记，只是汇集这个人宦迹、家世等流水账而编成年谱，那还不如不写，所以有人抨击无主旨的年谱说："年谱之刻，由来尚矣。位至宫保上卿，率有年谱行世，而细考其中，无一嘉猷，裨益朝野，何异老树既枯，令笔者记其某年出土，某年发花叶，某年颓废乎？夫人之所以可传弗朽者，以德以功而虚名奚与焉。"（李玉鋐《寒松老人年谱序》）这种评论虽有点尖刻，但却有力地抨击了无主旨的一批年谱，促使人们不能不在编纂年谱时注意主旨。清代史学家杭世骏对年谱有较深研究，曾正面而简要地提出过编纂年谱时的主旨要求说：

必其德业崇闳（hóng），文章彪炳，始克足以当此，一未有以草亡木卒之人而可施之以编年纪月之法也。（《施愚山先生年谱序》）

我在编纂《林则徐年谱》时，首先考虑对林则徐这样一位著名的近代历史人物应如何确定编谱的主旨。过去，魏应麒所编《林文忠公年谱》的主旨在于阐扬鸦片战争中的林则徐。这固然是林则徐的主要业绩，但尚未能概括林则徐的一生。从宏观上考察，林则徐不仅是具有远见卓识的爱国者，还是封建社会里的一名有所作为的政治家。因此，必须以此为中心线索来贯穿全书。这就是所谓确立主旨，然后无论搜集资料，考辨选择，论述成谱都能有所归依而不致使年谱成为漫无边际的流水账，否则，那就难以称为一部合格的年谱。

（二）最佳撰者

前人曾论述年谱撰者说：

年谱之作始于宋人。其手著者如杨椒山自订年谱，堵文忠公年史尚已。此外或出门人故旧，或成于后裔及异代人之手。（王步瀛《赵慎斋先生年谱》序）

陈乃乾编《共读楼所藏年谱目》也按不同编者分年谱为四类，即甲自撰类，乙家属所撰类，丙友生所撰类，丁后人补撰类。这四类撰者各有短长，如子孙撰谱，"其间不无溢美之处，甚至假手于人，尤非纪实之道矣。"（孙玉庭《寄圃老人自记年谱序》）对友生撰谱则担心"同时文士，生不同道，谬托相如，传闻失实"（汪喜孙《容甫先生年谱》）。但有人认为上述二种人与谱主时代接近，容易得真，所谓"或出自贤子孙之纂述，或出自门弟子之甄综，去世近而见闻真，诠次自易"（吴怀清《二曲先生年谱序》）。有人反对自订年谱而赞成由后人撰谱，并曾举例说：

如李、杜、韩、苏皆有年谱冠于诗文集首者，大都后人钦其道谊文章，历序其生平，证以诗文年月汇集成编，以备千秋考镜，初未有出诸自记者。（尹壮图《楚珍自记年谱自序》）

清代学者杭世骏则认为不同撰者可使用不同的编纂方法，他说：

或出自贤子孙之编纂，或出自门弟子之甄综，或出自私淑诸人者之考证。（《罗总戎年谱序》，见《道古堂文集》卷五）

编纂、甄综和考证虽指编纂方法的不同，但也寓品骘（zhì）价值的高下，从中可看到杭氏正以后人撰谱为诸种撰者之最佳者。以林则徐年谱为例，前有其子林聪彝所撰《文忠公年谱草稿》传钞本，林则徐纪念馆副馆长杨秉纶、林则徐后人林家溱（qín）、林子东均对"草稿"表示怀疑。愚意以为此乃托名之作。姑不论其是否假托，即其内容也颇简略疏漏，于鸦片战争时行事不著一字，显系有所忌讳。其后，魏应麟于民国二十四年（1935）撰《林文忠公年谱》时，虽也是后人为前人撰谱，但因那时有关史料如《道光朝筹办夷务始末》及谱主的日记、手札等尚未发现和刊布，以致因征引史料不足而使内容贫乏。及至我编撰《林则徐年谱》时，由于谱主的奏稿、日记、书札等多已刊布流传，而具备了参证条件，使谱主行事得以完备。后人撰谱更以时代久远，人际关系已无牵涉，即使有存世者也多为五六世孙，他们论及谱主也如论及一般历史人物而无所避讳。后人撰谱还可得资料繁多便于考辨求真之利，于还谱主历史真貌极为有益。他如胡适之撰《章实斋先生年谱》，"附列同辈之生卒，而以评议之词系于卒年之下，一以考见其人之见地，为当时思想之指归。凡所议论行事，参以己见，直加批评"（顾廷龙《中国历代名人年谱目录》序）。这也可证明后世学人撰谱易于公允，且能臧否，可传信于后世，所以年谱之最佳撰者当以后世学人为胜。

（三）资料的搜集与考辨

年谱应以丰富资料为依据，所以良谱多注重广泛搜集资料，顾廷龙在为《中国历代名人年谱目录》撰序时曾说：

> 王懋竑（hóng）撰《朱子年谱》乃取文集语类条
> 析而精研之，更博求所述诸儒之绪论，师友之渊源与
> 夫同志诸子争鸣各家之撰著，曲畅旁通，折衷一是。
> 那彦成撰《阿文成公年谱》则独详于宦迹，奏疏、谕
> 旨关系大者无不备载，可以补国史之未详。

由此可见，编谱应广泛采择资料以系生平行事，但搜集须得其法。我在编纂《林则徐年谱》时，分几个层次搜集资料。首先，从谱主自身资料入手，如林则徐的奏稿、日记、手札都是反映人物的最原始资料，撰谱时可以从这些资料中钩辑与谱主一生重大活动有关涉而可备征考的资料。其次，应搜集他人所撰的谱主、谱传等，可收补缺订讹、增益完善的效果。再次，搜集与谱主有关人物的著述与谱传，从中整理出与谱主行事有关的资料。然后，搜集谱主所处时代及其行踪所至地区的官书、地志、杂著及诗文集中的有关记载。最后，搜集后人（包括中外人士）对谱主的论述、评价。所谓资料既有文献记载、口碑传录，也有遗迹实物、金石铭刻以及图像照片等。《林则徐年谱》通过这几个层次所搜集的资料仅文献记载就达二百余种，即使有些资料虽其内容不甚重要，但却是稀见之物，那也不能忽视，如福州发现的刘家镇墓志铭和兰州发现的喑函刻石等实物，虽与林则徐事迹关系不大，但确为林则徐所手书，并且林则徐的书法也有一定的造诣，所以也应该加以搜集以开阔读者的视野。

　　大量资料基本集中后，重要的在于考辨资料的真伪价值，去粗取精，去伪存真，即使琐细末节也应考辨清楚。如道光二十年四五月间，林则徐曾致函唐鉴贺其就太常寺卿职。函中有"戚世兄南宫之喜，闻者莫大欣忭……两令甥又共题名，洵为盛事……"经采择考证资料知道函中所谓"戚世兄"名戚贞，"两令甥"乃指唐鉴的外甥黄兆麟和黄倬（zhuō）兄弟。这封信的写作时间一说道光二十一年（1841）正月，一说道光二十年（1840）四五月间，经反复考核而以后者是。又如林妻郑淑卿卒年，历来沿用魏应麒《林文忠公年谱》所订为道光二十八年（1848）十月十九日，后据新发现的海源阁所藏林则徐致杨以增手札，确定为道光二十七年（1847）十月十五日，一改陈说。这些虽是末节，但对编纂一部年谱来说确是不容忽略的，更何况有关重大活动的资料就必应严加考辨和甄选，以树立和增强年谱的可信度。如果只求其量多而失于考辨，那就失去其可征信的程度。在年谱数量大增的时候滥取、滥收之弊多见，正如晚清时平步青在所著《霞外捃（jùn）屑》卷六中所言："年谱之作，近代最为芜冗，善行嘉言，凭空虚构，读者未终卷，而已知其言之非信史矣！"类此之病，今人撰谱不可不慎。

（四）知人论世

　　余嘉锡师认为年谱"于辨章学术最为有益"（《目录学发微》四）。胡鸣盛在《陈士元先生年谱》识语中更对年谱有益于学术问题详加论析说：

乙部各类，叙述个人之学行，提纲挈领，条理清晰，实以年谱为之最。学者探讨先贤学术，诵其年谱，纵不能洞悉精深，亦可略识统系。著述者流，有鉴于此，举凡先贤之湮没未彰，或著述渊博而不易研究，亦皆乐为撮要提纲编纂年谱以诏天下后世。（《北平图书馆月刊》第三卷第五号）

年谱有益于学术的作用确实存在，但我认为年谱更重要的作用在于知人论世。前人对此曾有所论及。孙德谦在《古书读法略例》中曾将此订为一例，说：

有宋以后，年谱盛行，如鲁訔（yín）、洪兴祖辈，文则韩愈、柳宗元；诗则陶潜、杜甫诸家，自此皆有年谱传于世，此最得知人论世之义。

近代经学家孙诒让为《冒巢民先生年谱》撰序时也说：

年谱之作，虽肇于宋而实足补古家史之遗缺，为论世知人之渊椒，不信然与？

清人宗稷辰为应《黄黎洲先生年谱》撰者黄炳垕之请而阐明年谱的社会作用时也说：

（年谱）取其言行之大节，师友之结契，际遇之
辀（kǎn）轲，行踪之经历，在足见性情学问者，编而
入之，使后人得以论人知世已耳！

年谱虽不若传记对人可用直接评按加以臧否，但其知人论世的方
法值得注意。它将人置于一定的"世"（社会、历史条件）内，使
人在与"世"结合的叙事中寓对人的论断。一个人通过年谱的知人论
世往往获得始料不及的历史地位与效果，如清代学者张穆撰《顾亭林
先生年谱》颇著声名后，并未继续编纂与顾亭林地位相埒（liè）的黄
宗羲的年谱，反而编纂以考据见长而气节不及顾黄的阎若璩，后人以
知人论世之义对张穆此举表示诧异，并著之于文字说：

予颇怪石洲（张穆）既为顾谱而不为黄谱，乃纂
辑及于阎潜邱。潜邱虽考据有声，其大节果足视亭林
耶？毋亦籍隶太原，石洲遂有香火之情耶？一唱百和，
耳食之徒遂于报国寺顾祠之旁复创阎祠以为之配。噫！
其有当于知人论世之为乎？（谢章铤《课余偶录》卷三，
见《赌棋山庄集》）

一谱之撰，可以立祠，历史定评，于此可见。张穆或许并未料及
知人论世的影响有如此之大。张穆失于谨慎，遂贻笑于人。
《林则徐年谱》之撰，既着重于谱主所处时代背景，又征引世人
评论来论断林则徐的为人。如道光十二年（1832）六月初八，林则

徐接任江苏巡抚，由于过去曾在江苏任官，颇得民望，所以接任时"列肆香烟相属，男妇观者填衢，咸欣欣然喜色相告曰：林公来矣！"（冯桂芬《林少穆督部师小像题辞》，见《显志堂稿》卷一二）这段资料既记及苏州人民欢迎林则徐的场景以"论世"，也使人看到林则徐之得民望以"知人"。又如道光十九年（1839）十一月十一日，林则徐在广州天后官接待英国遇难船只杉达号船员15人，进行各方面的了解。这段资料说明林则徐勇于违反封建礼制，同时也体现了林则徐区别一般公民和鸦片贩子的策略思想。这些例证说明年谱可以知人论世。

（五）附录

年谱资料或内容重复，或词嫌累赘，或仅备参证，或逸闻琐事，一时难以全部甄选入谱而弃之又不无可惜之处。因此不妨采用在谱尾增入附录一体，用来保存资料。此法前人曾经使用过，如苏惇（dūn）元编《张杨园（履祥）先生年谱》后就附录有《编年诗文目》、《未列年谱书目》、《节录诸家评论》、邵懿辰所撰谱主小传和苏惇元所撰《谒墓记》等，使未能入谱的资料得到储存。又如清乾嘉学者郝懿行夫妇均为学者，近人许维遹为编《郝兰皋夫妇年谱》，并于谱后除附录《郝兰皋先生著述考》及《王安人瑞玉著述考》外，还附有兰皋八世祖《郝康仲先生著书目》及兰皋父《郝梅葊（ān）先生著书目》等多种，为郝氏家族的学术成就提供了备考资料。我在编纂《林则徐年谱》时，并未视附录为附庸，而是作为规划全书编纂中的一个重要组成部分。《林则徐年谱》共有附录四种：

一是《谱余》，这是为编纂《林则徐年谱》搜集而未收入谱文的资料，但有一定的参证价值或可供谈助，其共分五类：第一类是未收入《云左山房文钞》的佚文、联语等逸文；第二类是逸事；第三类是他人为林则徐所写的题跋、挽文、挽诗、挽联和祠堂记等；第四类是对林则徐的评论；第五类是与鸦片战争有关的文献。这些资料大都采自清以来的笔记和杂著，大部分为一般论述所较少涉及者。

二是《林则徐出生时有关人物简况》，凡出生在林则徐以前，难以系入本谱，而日后又和林则徐事迹有各种关系的人物，择要录入，略述这些人的简况以说明林则徐的人际关系。

三是大事索引年表，按年择系谱主重要事迹，注明书页，使读者便于检索本谱。

四是征引书目，包括：（1）林则徐的著述和手迹，（2）他人所写林则徐的谱传，（3）与林则徐有关人物的谱传、著述，（4）官书、奏议、方志、诗文集，（5）资料汇刊，（6）笔记杂著，（7）近人专著、论文，（8）外人著述等共达229种。这个书目既增加年谱的信征程度，又可供读者参验。

我就《林则徐年谱》为例，提出了年谱编纂工作中几个值得注意的重要问题，至于纪年岁次的编排，文体的使用和篇幅的调协等都属于次要的技术问题，可因谱主情况与撰者习惯而异，而我所谈及的内容也只是供有志编谱者的参考而已。

十、工具书

年谱数量较多，翻检查阅很繁难，一旦需要，从浩如烟海的书海中去搜求实为不易，为了便于检索年谱，特介绍查阅年谱的工具书数种：

（一）《年谱考略》 梁廷灿编

载 1929 年 7—11 月国立北平图书馆月刊第三卷第一至第五号。

这是最早成书的一部年谱考目，共收谱四百余种，每谱列谱主姓名、别号、谥号、籍贯及生卒年。并设有附按。略具撰谱者之姓字、里贯及与谱主之关系。对年谱不同版本有著录，但不完备。有转录之其他目录书者则详记出处以明其未见原本。

（二）《江苏省立国学图书馆历代名人年谱集目》 汪闿编

载 1929—1931 年江苏省立国学图书馆第二至第四年刊。

这是年谱馆藏目录之始，共收馆藏年谱单行本及刊于丛书、专集及杂志中的年谱近 500 种，著录谱主、编者、异名及版本等，以谱主时代先后为次，注其生卒年月，详其刊刻版本。

（三）《共读楼所藏年谱目》 陈乃乾编

1935—1936 年人文月刊六卷七期至七卷二期，另有抽印单印本。

这是私人收藏年谱的专目，按年谱编者分为自撰、家属所撰、友生所撰和后人补撰等类，类下按谱主时代排序，"将谱主生卒年分记于上下端，上端为生年，下端为卒年，皆以本谱为据，谱所未详者，不为查补"。共收录年谱 500 余种。著录以所藏为限，普通可见之书但未收藏者概不入目，杂志中分期连载者，亦未入目。

（四）《中国历代名人年谱目录》　李士涛编

1941 年商务印书馆出版。

此谱收谱主 964 人，年谱 1108 部，其中包括一人多谱者。

（五）《上海图书馆馆藏年谱目》　上海图书馆编

1957 年油印本。

此谱专收 1956 年前馆藏线、平装单行本，丛书本和专集附刊本。不收期刊中所载年谱。共收谱 680 余种。其著录以时代为序，以生年为次，分朝代归类。卷末附谱主姓名索引。

（六）《中国历代人物年谱集目》　杭州大学图书馆资料组编

1962 年铅印本。

此目所收不限馆藏，除著录所见年谱外，尚转著其他目录书中所见年谱目。共收 1840 种。

（七）《中国历代年谱总录》　杨殿珣编

1980 年书目文献出版社出版。

此录凡编者经眼之谱编为《年谱总目》，仅见于著录有待访求者编为《待访年谱简目》，末附《谱主姓名别名索引》。共收谱主1829 人，年谱 3015 种，以谱主生年排序。

（八）《近三百年人物年谱知见录》　来新夏编著

1983 年上海人民出版社出版。

这是断代的年谱提要目录。共分六卷，前五卷收自明清之际至生于清而卒于辛亥以后的人物共 800 余种，每种年谱写一篇书录，其一人多谱者，仅略去谱主事略部分。此谱书著录谱名（包含异名）、撰者、刊本、著录情况、谱主事略、史料、编谱情况。其史料著录部分最有裨于证史论史。第六卷附录有二部分，一是《知而未见录》，著录见于其他书目或著述而尚未获见者；二是索引二种，即谱主索引与谱名索引。

（九）《中国历代人物年谱考录》　谢巍编撰

1992 年中华书局出版。

这是通代的年谱目录，共收录年谱 6259 种，谱主 4010 人。

此录分正、附编。正编 11 卷，自虞夏起至近现代，并立待考一卷。附编七卷，分合编、合刊、通谱、齿谱及年表数种。书末有《谱主姓名索引》及《年谱收藏单位简称表》。

　　各谱条目之下，分列编者、版本、备注三项，可备参考。

　　此外，有些馆藏丰富的图书馆尚有自编书目，但大多在馆藏总目内，这里就不再一一介绍。当然，近些年新编年谱大量问世，上述年谱工具书已难包容，加上原有工具书未能搜罗殆尽，所以希望能有一部更完备而充实的工具书问世，以利检索。

家　谱

第二章

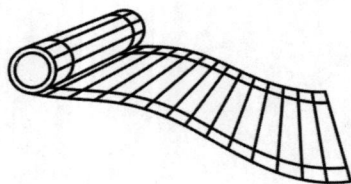

一、起源

家谱，是一种以表、谱形式记载一个以血缘关系为主体的家族世系繁衍及重要人物事迹的特殊图书形态。它产生于上古时期，完善于封建时代。近四千年来，家谱在不同时代显现出不同的形态，发挥着不同的作用。从古至今，我们的先民们编制了难以数计的各类家谱，虽经岁月侵蚀，流传至今的至少仍有三万多种，其内容之丰、价值之高，很值得我们今天去了解与认识。

古往今来，在祖国广袤的土地上，散居着无数个大大小小的各类家族，他们都有着各自的共同祖先，血缘关系将他们牢固地联系在一起，同呼吸，共命运，虽然有贫富差异，但这并不妨碍他们共同居住在同一块土地之上，即使是战争、瘟疫和各种自然灾害，也不能将他们分开。这些家族构成了中国古代社会的基础，氏族是一个大家族，国家是一个最大的家族，国王或皇帝是这个家族的总族长，百姓是这个家族的子民，总族长利用各种手段和相当于血缘关系的纽带，维持和统治着自己的国家。

为了能使统治得到延续和稳定，权力更替和财产继承能够平稳实现，不致落入外人之手，无论是国家还是各个家族，都十分重视血统的纯净，为此，记录血缘关系和血统世系的谱牒就应运而生了。

关于家谱起源的具体时期，历代说法不一，归纳一下，可以看出，传统学术界大致有宋代起源、战国秦汉起源、周代起源、殷商起源等四种观点。这些观点的提出，基本上都是建立在已有文献的基础之上。然而，如果我们在文献学的基础之上，再加上运用考古学、民俗学等方法进行考察，就会发现家谱的产生时代远远早于上述四说。应该说，早在文字出现之前，家族世系就曾以结绳、口传等方式存在于漫长的历史时期之中。关于这一点，已经在很多民族的发展史中得到验证，中华民族自然也不会例外。

从文献角度看，早在中国进入奴隶制社会初期的夏朝，王室就有了记录自己世系的谱牒，这就是夏王室的家谱。商、周王室也都有自己的家谱，后人曾加以整理，编成《五帝德》《帝系》《五帝系牒》《世本》《帝王诸侯世谱》等通代谱牒。汉代著名史学大师司马迁在创作其不朽的史学著作《史记》时，就曾参考并仔细研究过这些资料。他自称："余读牒记，黄帝以来皆有年数。"在此基础之上，他结合实地游历、考察所得，写成《五帝本纪》《夏本纪》《殷本纪》《周本纪》《楚世家》《三代世表》等，完整、系统而具体地记录了黄帝、颛顼、帝喾、尧、舜等五帝的世系和夏、商、周三代王室以及楚王室由始祖而下的本支历代世系。同时，司马迁还根据春秋时期各国国君的家谱，编成《十二诸侯年表》。遗憾的是，那些原始的家谱文献由于年代久远，大多早已失传。今天，我们只能见到后人辑佚、整理的部分本子和司马迁《史记》中的记述。

令人欣慰的是，在传世的甲骨文中，却还保留有世界上最古老、最原始的实物家谱。据有关学者的研究和释读，共有三件甲骨片可以确认为是最古老的家谱，一件最早见于容庚等编的《殷契卜辞》中，序号为 209；一件最先收录于《库、方二氏藏甲骨卜辞》中，序号为 1506；一件最初见于董作宾的《殷墟文字乙编》，编号为 4856。第一、第三件文字不多，价值相对差一些，第二件"库 1506"为一大片牛肩胛骨，1903 年左右为美国人方法敛收藏，今藏于大英博物馆，所载文字是一极为完整的、典型的商人家族世系。有关本片的真伪一直存在争议，认为是伪刻的有胡小石、董作宾、郭沫若、容庚、唐兰、胡厚宣等先生，认为是真品的有张政烺、陈梦家、于省吾、饶宗颐、李学勤等先生。不过，近年来的学者，大多认为是真品。全片从右到左，共 13 短行，每行一句，除第一行为五字外，其余 12 行均为四字，行间无直线。陈梦家先生在其《殷墟卜辞综述》一书中释文为：

儿先祖曰吹，吹子曰妖，妖子曰㝬，㝬子曰雀，雀子曰壹，壹弟曰启，壹子曰丧，丧子曰养，养子曰洪，洪子曰御，御弟曰飌，御子曰㺁，㺁子曰𧷃。

并将这件甲骨片定为武丁时代所刻。武丁是商代第 10 世 23 任国王，距今大约有 3200 余年。这件家谱一共记录了儿氏家族 13 个人名，其中父子关系的 11 人，兄弟关系的 2 人。也就是说，这件家谱共记录了这个家族 11 代的世系。通过这件家谱实物，我们可以这么认为，远在 3000 多年前的商代，我国就已有了以表格形式记录家族世系人物的家谱了。此外，这三件实物资料上的人名，均不见于商代先公先王谱系之中，显然，他们都不属于商代王室成员。由此又可以得出这样一个结论：早在 3200 多年之前，不仅王室，就是其他的一些显贵家族，也已有了本家族文字记载的家谱。"库 1506"家谱共有 11 代世系，以每一代世系 30 年计，这个家族有家谱的历史又可上推 300 余年，这件家谱实物年代之早，不仅在中国，而且在世界历史上也是绝无仅有的。

除了上述三件家谱实物之外，在现存的甲骨文中，还有不少商人求祷或祭祀列祖列宗而形成的祭祀谱。这些祭祀谱，原本是为祭祀用的，它们有的求祷于自己的祖先，有的记载受祭各先祖的名字，有的则排列各先祖的受祭日期，从而形成了一连串的世系。同时，这些祭祀谱上往往还有诸如祈祷用语、祭牲数目、祭祀日期等内容，因而，它们与专门记述家族世系的家谱有所区别。然而，由于它们记载的均为同一家族的世系人物，并逐代排列，有条不紊，则又与家谱在性质上有些相同。由此，我们基本可以得出这样的结论：这些祭祀谱是家谱的初级形式，它所记载的家族世系资料，为专门家谱的撰修提供了可靠的资料保证。在某种意义上，也可以说商代的这些祭祀谱，是一种原始形态的家谱，它的产生年代可能要略早于专门记述家族历代父子世系的家谱。

在现存的商朝末年的青铜器中，也有几件是属于专门记载商人家族世系的家谱。如现收藏于辽宁省博物馆的三件同时出土于易州（今河北易县）的青铜戈（文物界称作"商三句兵"），三个戈的铭文释读分别为：

一

大
祖祖祖祖祖祖祖
日日日日日日日
己丁乙庚丁己己

由于第一列"大祖日己"与其余六列的"祖"不是一辈而排除，因而，本戈又被称为"六祖戈"。

二

大大中
祖父父父父父父
日日日日日日日
乙癸癸癸癸癸己

由于第一列"大祖日乙"与后六列的"父"不是一辈而排除，因而，本戈又被称作"六父戈"。

三

大
兄兄兄兄兄兄

日 日 日 日 日 日

己 戊 壬 癸 癸 丙

由于本戈共列有六位兄，故又称为"六兄戈"。

对于它们的铭文内容中的一些具体所指，学术界尚有不同看法，但对其是记载同一个家族世系的家谱却是大致认可的，更有学者认为，这三件铜戈的铭文记载了同一个家族六到八代的谱系。此外，在罗振玉《三代吉金文存》中，还著录了一件被称作"祖丁"戈的青铜戈，它的铭文虽然只有"祖丁　祖己　祖乙"六个字，但从商人多以干支命名的特点看，它自然也就成了一件记载一个家族三代祖先名字的家谱了。

在周代，铸记家族世系于鼎彝之风盛行于全社会。在流传至今的周代青铜器中，由于各种器物铸造时代的先后和家族地位的高下不同，其铭文中所记载的家族世系代数和功勋、庆赏事迹等内容的详略程度也不一样。如"对罍（léi）""昌尊"两件器物的铭文中就记录了包括制器者在内的父子两代世系，而在"祖丁父癸彝"和"祖丁父己壶"两件彝器的铭文中，则记载了不包括制器者在内的祖、父两代世系。此外，在"秦公钟""㝬敦""中山王礜方壶"等几件器物的铭文中，分别记载了包括制器者在内的家族五代世系。现存周代青铜器中记载家族世系最多的当属 1976 年于陕西扶风县庄白村同窖出土的"墙盘"和"㝬钟"。由于它们是出于同一窖藏，因而，被有关学者判定为是内容相关的两件记载周初显贵微氏家族事迹与世系的宗庙祭器。从两件彝器的 380 字铭文中，我们可以清楚地看到，这两件彝器一共记载了自周文王至周穆王100多年内微氏家族连续七代的世系。可以这么认为，这两件彝器也是我国现今发现的记录家族世系最多的青铜家谱。

甲骨文和金文中有关世系的记载，仅仅可以认为是我国现存最早的使用文字记载的家谱形式。我们知道，在人类社会发展史上，文字并不是最早和唯一用于记事的方式。如前所述，在文字没有产生之前，人类的祖先就普遍采用结绳和口述的形式来记述各种大事，其中自然也就包括了家族世系。由此就形成了两种更为古老、更为原始的家谱形态。这些原始形态的结绳与口述家谱，在一些文明程度相对比较低的民族中，曾一直沿用或残存到近代和现代，成为民族家谱中两种很重要的组成形式，直至今日，我们仍可从我国某些少数民族中见到些许痕迹。

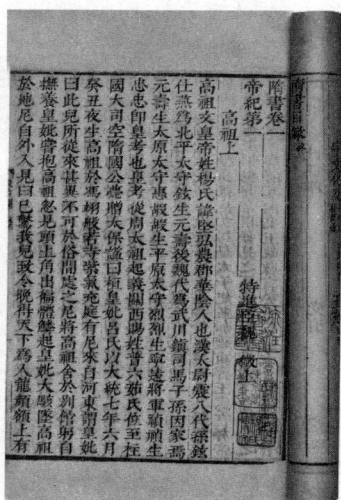

《隋书》

我国家谱文献的起源很早，可家谱专词的出现却晚了许多。但具体出现于何时，已不可考。目前见到的最早记录，是六朝时刘孝标《世说新语注》中曾引用了《王氏家谱》，而唐初李善《文选注》中，则不仅引用了《王氏家谱》，还引用了《颜氏家谱》。此外，《隋书·经籍志》中也著录有《杨氏家谱状并墓记》。这几部家谱当为南北朝时人所撰。我们知道，某一词语被用作书名而存在，理应是在使用比较广泛、词义相对成熟之后。因此，我们可以说，"家谱"一词的出现必定是在南北朝之前，但限于资料，不敢妄断。不过，如果这样说，即"家谱"一词的出现，最晚不过南北朝，想必是不会错的。

二、发展与演变

夏商以来，不仅王室有家谱，诸侯及一些贵族也都有自己的家谱，专门记录家族世系，政府设专门机构管理。伟大的爱国主义诗人屈原官居三闾大夫，其主要职掌就是掌管楚国昭、景、屈三族的三姓事务，编制三姓的家谱。春秋时期，有人对这些家谱进行整理，编有《世本》15篇，集中记录了黄帝以至春秋时期帝王公侯卿大夫的家系。相传，荀子也曾编有《春秋公子血脉谱》，此书今已佚，可"血脉"二字，生动形象地揭示了家谱的本质。汉代司马迁在写作《史记》时，十分重视并大量参考了春秋以前的各种谱牒资料，用《太史公自序》中司马迁自己的话说就是："维三代尚矣，年纪不可考，盖取之谱牒旧闻。"上古时期，由于年代久远，文献不全，导致许多记载已不可靠，只能旁证于家谱之类家族文献和其他野史、传闻，而这些资料又已基本亡佚。由于这个原因，致使《史记》所记述的上古以来的政权更替和诸侯贵族的家系历史的权威性大大增强，《史记》也就成了我们今天了解上古历史的最权威著作。

春秋时期，各国王室的家族事务由政府专门设置的宗正①来管理，这其中当然也包括王室家世记载和家谱编纂，而民间的家谱基本处于自流状态。秦代虽设有宗正管理皇族事务和皇室家谱，但由于时间较短，因此，秦代家谱一直未见记载。

汉朝建立后，因袭秦制，设立宗正和专门机构管理皇族事务与掌修皇亲贵族谱牒。宗正之名经过几次变更，到东汉时又被恢复。宗正由皇族中人担任，掌管的皇族谱牒包括两种，一为属籍，收录以皇帝为核心上下五世直系亲属的名籍，因此，可以看作皇帝本人的家谱；另一为诸王世谱，收录各同姓诸侯王的世系谱籍。此外，还有专门机构管理异姓功臣所封为王、侯的家族世系谱籍——侯籍。这些皇亲贵族的家族谱系现均已亡佚，有关内容只保存在当时和后世人所写史书如《汉书》《后汉书》的某些表和列传之中。

西汉中期以后，宗族势力得到很大发展，附着于宗族藤蔓之上的家谱，尤其是私人家谱的修撰也开始出现，并迅速增长，这从司马迁《史记》中就可看到。在《史记》中，司马迁不仅总结和记录了传人的家族世系，同时，在《太史公自序》的开头部分，还详细地叙述了自己的家族世系，可称是司马氏家谱的简本。自此之后，文人雅士纷纷仿效，较为著名的有扬雄、班固等。另外，从《后汉书·袁绍传》

---

① 宗正：春秋以来朝廷专门负责管理王族或皇族事务，包括修撰王族或皇族家谱的官职。

中也可看到，四世三公的袁氏家族，不仅有家庙，也有家谱，族中立有嫡嗣，必须告于祖庙，载入家谱。所憾者，这些家谱资料除极少数原存于相关史书之中得以保存下来之外，均已基本亡佚，并且，绝大部分未见其他各种文献著录。

汉代家谱，见于文献记载的有《帝王诸侯世谱》20卷，以及《扬雄家牒》、《邓氏官谱》、应劭的《风俗通义·氏族篇》和颍川太守聊氏所作的《万姓谱》等。此外，还有一些碑刻实物，如东汉光武帝建武二十八年（52）立的《三老碑》、桓帝延熹三年（160）五月立的《孙叔敖碑》和灵帝光和三年（180）立的《三老赵宽碑》。《孙叔敖碑》的碑阴部分，记载了春秋时楚相孙叔敖十余世孙和东汉初任渤海太守的孙武伯以下的家族世系。赵宽是西汉名将赵充国之后，世代显贵，《三老赵宽碑》由汉初始，完整地记录了赵宽家族数百年的家世。此两碑均十分完备和详细，因而，可以看作汉朝人的石刻家谱。汉代的文献家谱现均已亡佚，通过这几块碑刻我们可以大致了解汉代家谱的基本情况。汉代的家谱与前代大致相同，主要作用是"奠系世、辨昭穆"，因而，著录比较简单，仅为家族世系，注明生卒、官爵、字号、葬所等。由于此时家谱一般不是自己纂修，多由别人代修，因而，为尊者讳起见，行文通常称字不称名，这也是汉代家谱的一大特色。

东汉时期，政府选拔人才的途径之一是"察举"，即根据社会议论来判别一个人的品德和才能，然后决定任用。评论必须由社会头面人士进行，他们自然不会注意到普通人家的子弟，目光只能停留在同阶层的圈子里，这样，门第和家世就逐渐重要起来。东汉末年，魏王曹丕在尚书陈群的建议下，实行了九品中正制，分九个等级从士人中选官，它以士人的籍贯、门第作为主要标准。这种选士方法，当时被称为门选，是整个南北朝时期取士、任官的最主要方法。根据门第来选官的最终结果是强化和保证了门第等级的尊严，防止低门第者通过认宗、联宗、联姻等方式挤入高门第，分享特权和既得利益。这种选官方法既强化和巩固了门阀制度，也从制度上保证了士族内部按门阀上下、族望高低、势力大小来分配官职。士族内部各品级之间以及士族与庶族之间，等级森严，鸿沟难越。品级高的士族排挤、鄙夷品级低的士族，品级低的士族又排挤、鄙夷士族之外的庶族。所谓"上品无寒门，下品无势族"，就是当时社会的真实写照。因此，整个南北朝时期，为了选官便利和证明身份，无论是政府，还是豪门势族，都非常重视家谱的纂修。这就形成了中国谱牒史上公私修谱的第一个高潮。

造成南北朝时期国家和民间均重视家谱，形成我国家谱发展史上第一个高峰的原因，除政治上的选官之外，还有社会生活中的婚姻门第观。门阀制度形成后，世家大族不仅要保持政治特权，还要求保持婚姻特权，在婚姻对象的选择上，讲究阀阅相当，以保持贵族血统的纯粹。于是，士族与士族，庶族与庶族，上层士族与上层士族，下层士族与下层士族，南方士族与南方士族，北方士族与北方士族，中原士族与中原士族，少数民族汉化士族与少数民族汉化士族……都形成了各自的婚姻集团。不同等级家族之间的通婚行为是要受到社会责难的，其中最典型的例子，是南朝萧齐时士族王源嫁女给富阳满氏而遭到沈约的弹劾。王源是西晋右仆射王雅的曾孙，祖与父均官居清显之位，按沈约的话是，王源"虽人品庸陋，胄实参华"。富阳满璋之，家境殷实，欲为儿子满鸾娶妻。当时王源正值丧妻，且家贫，于是，动了将女儿嫁给满氏，得聘礼钱五万给自己纳妾的心思。为此，他还特地查过满氏家谱，认定富阳满氏是高平满氏满宠、满奋的后裔。满宠在曹魏明帝时任过太尉，其孙满奋西晋时为司隶校尉，满璋之和满鸾也有官职。可就是这样，还是不行。沈约认为，富阳满姓，没有确凿的士族根据，满奋死于西晋，其后代在东晋没有显赫声迹，满璋之自述家世应该是伪造的，王源与之联姻，是唯利是图、蔑祖辱亲、玷辱士流之举，应该罢免王源的官，并禁锢终身。由此可看出，当时的士庶界限是何等分明。在北朝也有类似之事，北魏崔巨伦的姐姐"因患眇一目，内外亲类莫有求者，其家议欲下嫁之。巨伦姑赵国李叔胤妻，高明慈笃，闻而悲感曰：'吾兄盛德，不幸早逝，岂令此女屈事卑族！'乃为子翼纳之。时人叹其义"。为了不使瞎了一只眼睛的侄女下嫁庶族，保住家族门第，不惜牺牲亲生儿子的幸福，纳为儿媳。这种行为，在当时竟被视为义举。为了婚姻的门当户对，士族不仅重视自己的家谱撰写，同时也注意对通婚对方家谱的考究，这在很大程度上也促进了当时的家谱繁荣。

门阀制度下的士族特权还表现在不服国家徭役上。为了摆脱繁重的国家徭役，不断地有人投献到士族家中充当私户，高明者则伪造家谱，冒充士族。这样的结果导致服国家徭役的人口越来越少。为了稳定政权基础，增加国家徭役来源，南北朝时期，政府不断地清厘户口，即厘改谱籍，清除冒充的士族。这也是南北朝时期政府重视谱牒，不断重修总谱的经济因素之所在。

　　形成士族自觉修谱的另一个原因，是士族间的高自标赏。晋室南迁后，北方士族随之而迁到南方的有百家之多，虽然他们与南方土著士族混居杂处，然并不合流，互相轻视，于是，就各自修谱自重，高标郡望，以区别于他支别派。留在中原的士族，也不愿与那些汉化的少数民族政权的士族相混淆，为保持和炫耀自身血统的纯净，亦竞相纂修家谱，以区别那些汉化了的少数民族的世家大族。这种南北之别、华夷之辨，可以说分别促进了南朝和北朝谱学的发展。此外，东汉末年以来，一些大家族为躲避战乱之害，聚族而居，据险而守，出现了许多坞壁①，并逐渐成为一种重要的社会组织形式，形成了强大的宗族势力。为提高家族内的凝聚力，编修家谱也就成了很正常的事情。

　　由于家谱在政治、婚姻等方面作用的剧增，南北朝时期家谱得到了极大发展，政府设置"谱局"，专门编修谱牒，中央政府和地方政府均设"谱库"一类机构，收藏谱牒，以备不时查验。整个魏晋南北朝时期，谱学更成为一种专门学问，而且还形成了几代传承的谱学世家，其中最著名的当推贾家，从东晋时贾弼到其子贾匪之，孙贾渊，曾孙贾执，贾执之孙贾冠，一门六代，代代有传人。另外一个著名的谱学世家是琅琊王氏，虽不是父子嫡传，但也是同一家族中，连续几代，代代有名人。除此之外，著名的谱学专家还有曹魏时的管宁，西晋时的虞挚，刘宋时的刘湛，萧梁时的徐勉、傅昭，陈朝的孔奂、姚察，北魏的高谅、李神，北齐的宋绘等。对于谱牒，上流社会人人都须了解和研究，不然，不仅影响入仕、婚嫁，即使一般的社会交往

---

　　①　坞壁：汉末魏晋南北朝时期，北方一些大家族为逃避战乱，聚族群居而建立的一种带有自卫、防御性质的建筑。

也难以进行。南朝时士人尤重家讳，如果你在某人面前偶尔提到他父、祖的名讳，那他当场会号啕大哭，让你下不了台。史书记载，刘宋时一位名叫王弘的人，也就是王氏谱学的创始者，"每日对千客，可不犯一讳"，传为一时佳话。萧梁时吏部尚书徐勉也是如此，不仅选官时"彝伦有序"，就连日常待客，也是应对如流，皆为避讳。这是南北朝时上流社会人士追求的一种境界，就连皇帝也不能例外。虽然北朝人相对而言不如南朝人那样讲究谱牒之学，但对于避讳也同样留意，不敢轻率造次。如北齐孝昭帝高演，"聪敏过人，所与游处，一知其家讳，终身未尝误犯"。皇帝尚且如此，大臣们则更不用说了。

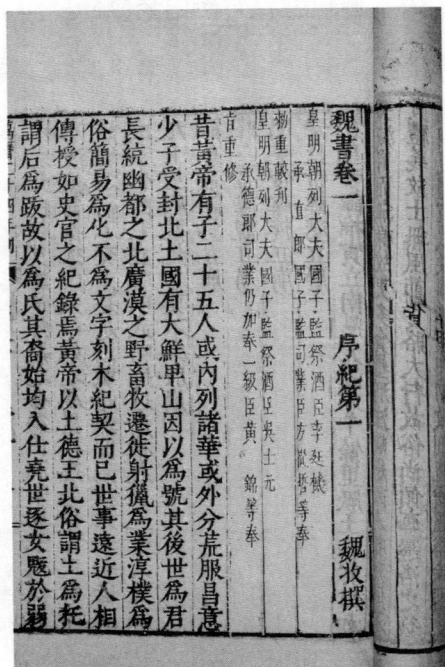

《魏书》

　　为了能使家族等级区别清楚，南北朝时人们除了编有本家族的谱牒之外，也编有如《百家谱》之类的郡姓、州姓谱，将本州、本郡的大小家族，三六九等地区别记录各自的世系。据萧梁时期阮孝绪的《七录》记载，当时的谱牒著作就达一千余卷。那时的寒门素族，如果要改变自己的社会地位，除了与士族攀婚之外，只有伪诈高门、诡称郡望了。他们通常买通谱学专家篡改谱牒，但此事如被揭露，在当时的处罚是很严厉的。南齐时著名的谱学家贾渊就因帮助一个叫王泰宝的人篡改谱牒，冒充当时的士族琅琊王家而被人告发，差点儿丢了脑袋。

　　南北朝时，家谱如此重要，因而，一切能证明家族身份、氏族等级的文件、资料，都一定要有世系的内容，流传至今的一些墓志铭和史书都不例外。尤其是北朝魏收所撰的位列封建时代二十四部正史之一的《魏书》，更是一部家谱式的正史，每一列传后，均附有子孙名字、官爵，最多的竟达百余人。《宋书》《南史》《北史》也都不同程度地存在着这种情况，而为后人所讥。南北朝时期的家谱现在已基本亡佚，这些史书为我们保留了一批相当完整的谱系资料。此外，南北朝时的一些注书也曾大量引用当时的家谱资料，如裴松之《三国志注》引用19种，刘孝标《世说新语注》引用达52种，由此亦可见当时谱书之盛。

　　隋唐时期是中国古代谱牒发展的第二个高潮。隋唐两代的统治者均出身于豪门士族，因而，对于谱牒维护统治者利益、巩固政权的作用非常清楚。隋唐时期，门阀制度也很盛行，但与南北朝有所不同，一是隋唐取士大多通过科举制度，不唯门第，与门第关系不大。另外，经过隋末农民起义的冲击，南北朝时的一些士族衰落了，消亡了，另一批军功贵族崛起，产生了一批新的豪门，构成李唐王朝的统治基础和主体。为了维护整个统治集团的既得利益，巩固统治基础，唐王朝的谱牒修撰权基本为官府所垄断，政府设置了专门机构，一次又一次地组织编写了数部大型的谱牒著作。唐代政府修撰的谱牒，均为政治作用明显的姓氏谱和衣冠谱，比较著名的有《氏族志》《姓氏录》《姓族系录》《元和姓纂》《皇室永泰谱》《唐皇玉牒》等，都是皇皇巨制。官修谱牒成为一个十分有效的政治工具，以谱牒形式将各派政治力量的既得利益固定下来，调整了统治集团内部的利益关系。尤其是高宗显庆四年（659）修成的《姓氏录》更是如此，五品以上的官僚全部入谱，然后根据职位高低确定姓氏高低。这个谱牒的颁行，扩大了统治基础，提高了武则天的声望和地位，为武则天顺利获得政权奠定了基础。当然，大批五品以下的原士族不能入谱，自然口吐怨言，攻击这部新谱牒是"勋格"，也就是"职官表"，不足为贵。

谱牒在唐代政治生活和婚姻中仍有相当作用，尤其是在婚姻方面，因而，不仅官府修谱，评定姓氏高下，私人自修家谱的情况也很普及。据《新唐书·艺文志》的不完全记载，经过唐末及五代战乱所余的各类家谱仍达一千余卷。著名人物如刘知几、颜真卿等也都纂修了自家家谱。同时，还涌现了一批谱学家，初唐、盛唐时期，比较著名的有路敬淳、柳冲、韦述、李守素、李公庵、萧颖士、殷寅、孔至；中唐以后，有高士廉、柳璟、林宝等。还有一些虽不以谱学家知名于世，但他们的谱学著作仍有很大影响，如魏元忠、张钧、刘知几、李衢、李匡文等，在当时的社会政治活动中发挥着积极作用。只可惜唐代的各类家谱除了敦煌石室中还保留若干残页外，早已荡然无存。从后人的记载来看，隋唐时期的新修家谱，主要记载家族世系和婚姻，对妻室家谱较为注意。到了唐代后期，家传的内容增加。在体例上，也有一些提倡"小宗之法"①，这对后代欧阳修、苏洵变革家谱体例应该说起到了一些启迪作用。

唐末黄巢起义，彻底摧毁了门阀制度。五代时期，征战不已，权贵者大多是靠战功而升迁，基本上没有什么显赫家世值得夸耀，再加上贵贱变化无常，更替很快，权贵者既不愿意，也不可能抽出时间来摆家世，排门第，所以，魏晋以来的政府谱学也就自然消亡了。

宋代是中国谱牒史上发生根本变革的时代。五代时期由于战乱频繁，使得历代所存各类谱牒大多荡然无存，并且，在那种社会环境之下，人口迁徙不定，生存时时受到威胁，各家族自然没有可能坐下来安安静静地编修家谱。再加上统治者的不提倡，使得宋代谱学基本上是在一片荒芜中重新建立和发展起来的。这也是后代有不少人认为中国的家谱起源于宋代的主要原因之一。

宋朝建立后，取士继承了唐朝的科举制度，婚姻很少注重门阀，唐朝以前谱牒所能起的政治作用已基本消失，巩固统治用不着这个政治工具，于是，政府除了编修皇室家谱玉牒之外，已没有必要再设谱局来编修或收藏其他各种家谱，尤其是州、郡谱和私人家谱。这样，家谱的纂修一时衰落了。这种状况一直延续到宋仁宗皇祐、至和年间方才得到改变，位列唐宋八大家之中的欧阳修、苏洵不约而同地编写

---

① 小宗之法：家谱修撰中的一种方法，即世系只上溯到始迁族或五世祖。相反的为大宗之法，家族世系一直上溯到血缘始祖或受姓祖。

了各自的家谱，并提出了新的编修原则和具体的方法、体例，使得家谱以另一种面目逐步走向繁荣。

欧阳修在主持编修《新唐书》时就十分重视谱牒，专门在《新唐书》中设置了《宗室世系》《宰相世系》，用以记录李姓皇族的世系和有唐一代369名宰相的世系。修订《新唐书》后，他发现自己的家族世系族人们都不太清楚，为了使族人和子孙能够了解祖先遗德，他采用了史书的体例和图表方式，将五世祖安福府君欧阳万以来本家族的迁徙、婚嫁、官封、名谥、享年、墓葬及其行事等，编成一部新型家谱。几乎与此同时，苏洵也编成《苏氏族谱》。二人都是使用"小宗之法"，都是以五世祖作为家族始祖。这是由于五代以来，整个社会成员的政治、经济地位都不是固定不变的，一般家庭很少能够世代富贵，倘若追溯五世以上的祖先事迹，往往会碰到几世贫贱，族人脸上无光。因此，一般家族只好采用"小宗之法"，至于皇族，则可追溯数十百代，采用"大宗之法"来编修家谱。欧、苏二人又将自己对家谱编纂的有关见解写于家谱的叙、例、记、后录之中。他们的修谱理论和实践影响极为深远，后世尊以为法，不敢稍逾。

宋代以后的家谱纂修，已由过去的以维护门第为前提，以选举和婚姻为目的，即带有强烈的政治功能，转移到尊祖、敬宗、收族[1]方面，家谱的教化功能增强。因而，家谱的记载也由过去以姓氏、世系、仕宦、婚姻为主，扩展到整个宗族制度。由于尊祖、敬宗、收族能够提高家族凝聚力，而家族凝聚力的提高又是整个社会稳定的基础，为了社会的稳定和长治久安，也出于对维护封建政治和统治制度的考

---

① 收族：将族人收于一谱，以增强家族的凝聚力。

虑，宋代统治者积极提倡各家族自行纂修家谱。在政府的提倡和欧、苏谱例的指导与规范下，整个宋代民间新修家谱之风极盛，很多士大夫，如范仲淹、王安石、司马光、曾肇、许元、黄庭坚、文天祥等，对家族修谱之事热情很高，并亲自主持自己家族家谱的纂修或替别的家族修谱，创制、完善谱例，且发表自己的见解。在宋代，有关谱学的理论著述中，除了欧、苏之外，最著名的当属郑樵的《通志·氏族略》。这些理论和实践，指引着两宋私人修谱事业蓬勃发展。可惜时代久远，宋代所修之谱如今存世极微，我们只能从宋人文集的相关论述中大致了解和掌握宋代谱学的基本成就。

辽、金、元三代的家谱，如今已基本失传，见于目录记载的也非常之少。尤其是辽、金两代的家谱，见于其他文字记载的更是非常少。而元代家谱虽流传甚少，可见于各种文字记载的却是不少。元代修谱之风极盛，这与在异族统治下民族意识的觉醒不无关系。元代的家谱体例大致按照欧、苏体例，但内容上有所变动与增加，比如有些家谱增加了僧道不准入谱的规定等。由于元代家谱编制的目的是在异族统治下的加强收族，而这种收族所导致的民族意识和宗族意识都会比较强烈，表现在家谱的纂修上，在世系追溯方面就较欧、苏"小宗之法"的仅记五世有所突破。据有关资料记载，元代家谱中，世代追溯最多的达70多代，其准确性如何，可以讨论，但这种现象背后的文化上的意义，却也值得探讨。

明清两代的家谱编修达到了中国封建社会的最高峰，各家族对编修家谱均非常重视，许多家谱一修再修，多次续修。现在我们所能见到的古人家谱，大多是明清两代纂修的。明清两代家谱编纂的目的与宋代一样，主要是为了记录家系、和睦家族、教育族人、提高本家族内部凝聚力和在社会中的声望与地位。因而，明清两代的家谱内容比宋代增加了许多，体例也更加完善。为了抬高和标榜家族高贵，很多家谱采用了"大宗之法"，动辄上溯几十代上百代，必定以古帝王或名人为先祖。由于明清两代封建宗法制度得到空前加强，因而，明清两代家谱中除将家族世系排列清楚，增加了传记、著述之外，又大量增加了有关反映宗族制度的内容，如宗规、家训、祠堂、祠产、祭田等，人物的记述也增加了子女、婚嫁、岳家等方面的情况。为了隐恶扬善和保持血统纯净，还规定了何种人物不准入谱。家谱的行文重视文采。为了使家族世系的延续得以永远记录下去，还规定了续修家谱的年限。此外，家谱的政治化倾向得到加强，其表现最突出的是有些家谱将历代皇帝的上谕收入谱中。所有这些，使得明清时代的家谱纂修更加系统，价值更高。明清两代的家谱体例与内容，基本上奠定了民国和当代家谱修撰的基础。

明清两代所修家谱中，还出现了许多统贯分布于各地的各宗支于一谱的统宗谱或会通谱，这是随着全社会修谱的普及和家族人口迅速繁衍，于明代中叶开始流行起来的。统宗谱的规模一般都很大，如明嘉靖年间张宪、张阳辉主修的《张氏统宗世谱》的内纪部分，记载了张氏遍布全国15省、1470多个点的117个支派，实为洋洋大观。在篇幅和收录范围上能与之相媲美的，大约只有民国年间孔府所修的《孔子世家谱》了。

明清两代，尤其是清代，还涌现出一批谱学专家和大量的谱学专论，其中最杰出的当属清人章学诚，在他的有关著作中不仅阐述了家谱的起源、作用，还具体分析了以往家谱理论和家谱实践的不足之处，提出了自己的看法。章学诚的家谱纂修理论，对清代以至民国的家谱纂修影响很大。

　　清代家谱中，满人家谱也很有特色。旗人袭爵、入仕都要查验家谱，因此，满人纂修家谱的积极性还是很高的。清代皇族的家谱——玉牒，可以说是家谱发展史上最系统、续修次数最多的一种，200多年间，一共修了28次，平均不到十年就续修一次，可算作家谱续修之冠。

三、名称与类型

　　家谱，历史上曾有多种名称，家谱仅是其中使用最多和最有代表性的一种。从古至今，家谱类文献的名称大致还有如下这些：谱、谱牒、族谱、族系录、族姓昭穆记、族志、宗谱、宗簿、宗系谱、家乘、家牒、家史、家志、家记、百家集谱、世录、世家、世本、世纪、世谱、世传、世系录、世家谱、支谱、本支世系、枝分谱、帝系、玉牒、辨宗录、偕日谱、系谱、图谱、新谱、星源集庆、列姓谱牒、血脉谱、源派谱、系叶谱、述系谱、大同谱、大成谱、氏族要状、中表簿、房从谱、维城录、谱录、祖谱、联宗谱、真谱、渊源录、家世渊源录、源流考、世典、世牒、世思录、家模汇编、乡贤录、会谱德庆编、私谱、传芳集、本书、系谱、清芬志、家传簿、先德传、续香集、房谱、祠谱、坟谱、近谱、会谱、全谱、合谱、统谱、通谱、统宗谱、宗世谱、总谱等。

　　家谱的命名，通常是在家谱之前冠以姓氏、地名、郡望^①、堂号^②、几修等内容，如《汾湖柳氏第三次纂修家谱》，有地名、姓氏、几修；《六修严氏家谱》，只有几修和姓氏；《黄山王氏辅德堂支谱》，有地名、姓氏、堂号；《倪氏报本堂重修家乘》，有姓氏、堂号、几修；《陇西李氏宗谱》，有地望、姓氏。也有一些家谱将由何处迁来也标在名称上，如《锡山过氏浒塘派迁常支谱》，即由无锡迁至常州的过姓浒塘支派的家谱。还有一些则标上具体住处，如《毗陵修善里胡氏宗谱》，标明毗陵（今常州市武进区古名）修善里，以区别同县同姓家族。此外，还有一些家谱修成后，采用一些极为特殊的带有一定寓意的名称，如清代初年句容华渚修成华氏家谱54卷后，没有按照一般惯例命名，而冠名《华氏本书》。看了此书义例，方才了解到，这个名称的意义是为了正本求源。清光绪年间，钱日煦修成家谱10卷，命名为《吴越钱氏清芬志》，取义于两晋时陆机《文赋》中"诵先人之清芬"之意。民国年间，袁镛修成家谱《数典不忘》一卷，这是反《左传》中"数典忘祖"之意。像这类取名方式，在家谱中并不常见，一般还是采用地名、郡望、姓氏、几修加上家谱字样来命名。

　　从上古以来，历代所修家谱是难以计数的，这其中绝大部分因年代久远，已经湮没于历史的长河之中，它们的类型及特征，我们只能依靠时人与后人的记载来了解，流传至今的和新修的家谱大约有三万

---

① 郡望：也称地望，主要用于标题一个姓氏或家族的发祥地与望出地，普遍流行于南北朝，盛行于唐朝。

② 堂号：即祠堂名号，用以区别各家族或同家族中不同支派的标记。主要有两种类型，有姓氏特征与无姓氏特征。有姓氏特征的以郡望为主，兼及本姓氏或家族先人的道德情操、功名科第、嘉言懿行；无姓氏特征的则取材于吉利、祥瑞之语。

多种。这些亡佚和现存的家谱，由于编者不同，编修目的不同，再加上载体、文字、取材内容等方面的不同，呈现出不同的形态，仔细考察一下，古今家谱大致有如下类型：

首先，拥有记载家族血缘世系与历史的家谱的并不仅限于汉族。虽说汉族拥有的家谱数量占有绝对多数，但汉族以外的其他一些少数民族中，也有相似或类似的文献存在。与汉族使用同一种语言、文字的回族、壮族、畲族等民族，都有家谱存在；蒙古族、彝族也有使用本民族文字写成的家谱。清代由于满人袭爵、入仕都需要有证明自己血统、身份的文件。因而，在少数民族中，满族人的家谱占了很大部分。其他一些没有文字的民族，如怒族、哈尼族、傈僳族、苗族、普米族、阿昌族、鄂伦春族等，也都有自己的结绳或口述的家谱。这表明，家谱的类型不仅有文字记载的，也有口述和结绳的。

在使用文字记载的家谱中，因载体和生成方式不同，又可区分为实物的和书本式的。早期的如商周甲骨、青铜家谱，汉代的石刻家谱，后代的塔谱，少数民族的结绳家谱等，都是实物的。在实物家谱中，似乎还应加上简册的。这是因为简册是春秋战国以至汉初的主要图书形态，可惜年代久远，至今还没有简册家谱的实物出土。魏晋南北朝以后的家谱，基本上都是书本式的，不同的是有的为手写，有的为雕版印刷，当然现在又有排印的了。书写的载体有纸张与绸帛之分，装帧形式也有卷轴装、册页装、经折装、线装、平装、精装等区别。

在现存的家谱中，还存在着先修后修的区别。家族的世系，一代接一代地延续，记录家族世系的家谱就必须经常或定期续修，以记录延续的过程，这样，就产生了初修、续修、三修，以至十五修、二十修的不同。后代续修的家谱基本包括了前代纂修的内容，可是由于时代变了，社会风气和修谱人的观念也会随之发生变化，导致记录家族历史的侧重点也就不尽相同，格式和结构也不完全一样。如古代重本轻末，经商之人在家族中是没有什么地位的，可近代以来社会风气发生变化，因商致富者在家族中的地位急剧上升，反映在家谱中是传文篇幅增加，位置显要，尤其是捐了一笔钱给祠堂或资助修谱后，更是如此。

在家谱发展史上，也存在着纂修者不同的区别。唐代以前大多是官修，因而，修成的多是合谱、群谱，以姓氏谱、氏族志的形式出现，将所有姓氏分出等级，依次记录世系。由于需要记载的氏族太多，导致记录的内容较为简略，一般以世系为主。宋代以后，家谱由各家族自己纂修，仅记载本家族的历史和现状，因而，就有余力来丰富家谱的内容，家谱的构成也日渐复杂。宋代以后的家谱，由于记述范围不一样，又可分为仅记载一个大家族支派房系世系的支谱、房谱；记载一个大家族世系的宗谱、世谱；以及将分散于各地的同族各支派统编于一谱或多个虽不是同一家族，却因是同一姓氏而联合修谱的家族所修的大成谱、宗世谱、统谱、总谱；也有一些记载两个同姓但不同宗的家族的合谱存在。其中专门记录皇帝世系的称帝系、玉牒，记载诸侯家世的称世本，记录普通家族的称家谱或宗谱、族谱。此外，还有专门以记载宗族祠堂各种内容为主的祠谱和记载本家族历代祖先坟茔位置、坐向、守坟、规约、墓祭仪式等内容的坟谱等特殊家谱。

在笔者阅读过的家谱中，还见到这样两部有异于通常类型的家谱。一部为《诵芬咏烈编》，从名字上很难看出这是一部家谱，但从序文中可以明了名字的来源：“武林徐氏，以翰林起家，台衮相袭，硕德清望，累世不衰。恭读乾隆间高宗纯皇帝‘赐文敬公碑’文，有云‘亦令尔子孙诵芬咏烈，知所法焉’。”由此可以看出，这是一部家世显赫的家族骄示其家族历史的专门文献。它的内容也很特殊，没有世系，首列历代皇帝诰敕，后列本家族中著名人物的各种传记资料和诗文。另一部为民国间所修的《徐氏族谱》，亦无世系，只列出这个家族分布于山东济宁、巨野、郓城、嘉祥、寿张、范县、阳谷等地所有现存成员的名号，间有简单说明，由此看来，这可能是一部联宗谱，但没有标明。

在家谱中，还有一些较为特殊的类型。无论过去还是现在，一个人如没有后裔，通常会从本姓或外姓子弟中领养一个男孩。三国时著名政治家曹操的父亲曹嵩，就是从夏侯家被领养到曹家的。按说从外姓领养的后代不能入家谱，可自己既姓了别人的姓，也要生儿育女，形成家族延续，数代之后，要修家谱，又不能恢复原有的姓，只好将本姓和过继之姓均在家谱名称上列出。如明初时修的《袁朱宗谱》，始祖朱梓，本姓袁，后过继给舅父朱德敏为子嗣。五世以后，子孙修谱时，向明太祖请求恢复本姓袁，没得到同意，最后只得以“袁朱”命名。此谱到清朝一共修过八次，均冠以《袁朱宗谱》之名。清道光年间，李召棠修成的《周李合谱》、光绪年间何乘势等修的《方何宗谱》、后世的《林李宗谱》等，也都属于这种情况，这是家谱中的一种特殊类型。

此外，另有一种特殊的异姓间的联宗合谱现象。比如因异姓联姻，生子兼祧二姓而合谱的《张廖氏族谱》《鲁陈宗谱》《罗陈文安竹庭公族谱》等，同避讳改姓再入赘而导致祧三姓的《朱庄严氏大族谱》等，都属这种情况。除此之外，隋唐以前还有一些收录全国各地各宗族情况的万姓谱、百家谱和记录一地各家族状况的郡谱、州谱存在，宋代以后则没有了。

家谱类型中，更有一种专门记录本家族所有庶母的极为特殊的类型。封建时代，妾在家族中是没有地位的，反映到家谱上，通常是不被收录的，除非生有儿子，方才被收入，即使收入著录，内容也极为简单，仅为某氏，所生子女人数、名字，连自己的名字都上不去。与此相反，明朝万历年间，金应宿修有六卷本的专门记录本家族各支庶母132人的庶母谱——《珰溪家谱外戚篇》；清代乾隆年间所修的《芝英应氏宗谱》后也附有庶母谱，上谱的庶母每人均有小传，内容包括姓名、籍贯、父名、生卒年月日时、葬所、子女，以及懿行、诗文等。家谱是一种被供奉于祠堂，接受族人祭拜的、极为正式的家族文献。在这种文献中，正式确立了庶母在封建家族中的地位，不能不引起后人的重视。可以这么认为，庶母谱的出现，对于中国传统礼教是个冲击，然而，这并没有引起多大的反响，后代似乎也没有仿照者。

据清人黄虞稷《千顷堂书目》记载，明初太祖洪武年间曾官修过《明主婿》一卷，专门收录明太祖及众亲王所招女婿情况，成为中国古代文献中极为特殊的专收女婿的谱牒，这种女婿谱在其他文献中尚未见到记载。唐朝还有专记皇后的皇后谱牒和专记自唐高祖至昭宗各朝诸王公主的《圣唐偕日谱》，取义为"逐帝书出，号曰偕日，与日齐行之义也"。此外，也有专记自唐高祖至宪宗时诸王孙的《皇孙郡王谱》和宪宗元和年间至文宗开成年间所封公主的《元和县主谱》。

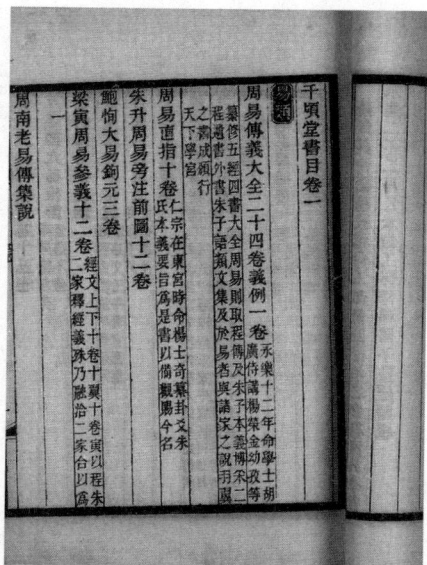

《千顷堂书目》

汉代还有一种专门记录家庭恩荣情况的家谱——《邓氏官谱》，集中记载了东汉时期大官僚邓禹家族历代宠贵的历史。宋代以后，这类恩荣的内容在每部家谱中都占有比较重要的位置和篇幅，因而，再也没有必要单独编制恩荣谱了。

在一些特殊群体，如佛教、道教中受中国传统宗法文化影响较深的某些教派，封建帮派如清帮等中，也都有一种类似家谱的文献，比如道教中属全真派常道观的就有《龙门正宗碧洞堂支谱》，内有龙门派丹台碧洞宗世系表。据说佛教中禅宗祖庭少林寺也有类似记载本寺师徒传承世系的谱书。这一类文献，包括清帮等封建帮派的谱书，从世系角度来看确实类似家谱，所不同的是，家谱是以血缘关系为特征，而这些谱书则是以师缘关系为特征。两者虽有本质区别，但从这些群体的特殊性来看，我们还是可以认为这是家谱的一种特殊形态。可惜的是，这类谱书通常不易见着，否则，必定会给家谱研究增加新的内容。

四、内容与结构

古代的家谱在选官、袭爵、婚姻、社交、财产继承、睦族等方面都有着重要的作用。因而，在编修家谱时，都应把这些方面的内容收录进去，以传示时人和后人。从家谱产生之时起，3000 多年来，由于时代的不同，家谱内容的侧重也有所不同。上古时期的家谱，仅为君王诸侯和贵族所独有，家谱的作用仅为证明血统，是为袭爵和财产继承服务的。关于这点，可从甲骨实物和《史记》中的有关部分得到证实。先秦时期的家谱特别重世系，家谱的内容也比较单一，仅为世系。魏晋以后，选官、婚姻以至社会交往均看门第，这样一来，家谱在政治生活、经济生活和社会生活中的作用就大大增强，家谱的内容也相应比以往有所增加。魏晋以至唐代的家谱现在已基本无存，从现存的其他一些著作所引的零星文字和后人再整理的资料来看，仍可了解到一些基本情况。魏晋至唐代家谱的内容大致包括：郡望、源流、家族世系。当然，首先书写的还是姓名，姓名包括字、号，还包括小名、异名、别名，然后记载生平，官爵（即使没有做过官，是处士也记录上谱），生卒年及特殊死亡原因（如何时、何故遇害等），婚姻状况（妻妾姓名、排行，岳家门第，离、退婚等），兄弟姐妹及子女的做官、婚配情况，以及著述、居住、迁徙、家族支系、坟墓等，其中尤以地望、家世、官爵、自己及兄弟姐妹、子女的婚配等情况，记录得比较详细。

宋代以后，家谱在政治生活中不再发挥作用，家谱的作用转移到尊祖、敬宗、睦族上，因而，家谱的内容也发生了一些变化。宋元时代的家谱流传极少，明代的家谱现在保存较多，分析一下，宋代以后家谱基本上去掉了关于岳家的内容，而把记录的重点移到有关祖先、世系、恩荣、祠堂、居住、田产、坟墓等方面，尤以子嗣和与血统有关的内容记载特详，但如岳家家世显赫，也可写上。宋代以后家谱的内容通常包括：（1）族姓源流，一般总要上溯到家族的始祖，大多上托帝王、名人，以表谱形式，列出家族流传世系。（2）恩荣，记录本家族列祖列宗的诸如科举、仕宦以及受到政府褒奖等情况，即使没有做过官，也要写上处士，实在没有可写的，年纪活得大，则写上耆寿、寿妇等字样，努力使自己的家族门楣生光。（3）对每一个入谱之人，尤其是家族的重要人物，一般都写有传记，详细记录他的名字、号谥、婚姻、生死经历、登谱之年、妻妾、节孝，其中对子嗣记录得特别认真，严格掌握入谱标准，对诸如养子、私生子、女儿、11岁以下死亡的幼殇以及入赘等情况，特别慎重，以防出现"冒宗""乱宗"之事，保证血统的纯净。（4）祖宅是先人们居住、生活过的地方，祠堂是祭祀祖先的场所，祖茔是列祖列宗长眠之地，尊崇祖先对于团结族人有着极大的意义，故对祠规、祠记、祠产、义庄、义田、家礼、家训及祖茔、祖屋的地形图等也记载较详。（5）最后是家传，一般收录有声望的先人的墓志铭、行状、寿序、年谱、像赞等传记资料。有些家谱后面还专列著述或艺文一节，收载家族先人的著述、诗文等。

　　中国古代的家谱，因为时代不同、作用不同，因而，记录的内容也不完全相同，大致看来，越到后期内容越多，越到后来记录越详，与之相适应的是，家谱的格式在不同时代也不尽相同。

　　商周甲骨、青铜家谱仅录世系，格式上是每人一行，说明关系，较为简单。汉代的家谱格式大致有三种：一为横格表制，分代分格，按时代顺序排列，《史记》中有关各表是其代表。二是以姓名为单位，先叙得姓起源，再述世系和官位。三是一贯连写，汉代流传至今的两块碑文《孙叔敖碑》和《三老赵宽碑》是其代表。魏晋南北朝是分行写，或连行写，每代与前代空一格，这从现存北魏薛孝通贶后券、彭城王元勰妃李媛华墓志和刘宋临澧侯刘袭的墓志就可看出。不同的是后两块墓志不仅记述了自家世系，而且还详细记述了亲戚的谱录，这在后代是不可思议的，但在南北朝时期却是司空见惯的。唐朝的家谱，大多为合谱，一般是以姓为单位排列连写。宋代以后，又开始分代、分格。明清时代的家谱，大多取法于宋代家谱，卷首列世系总表，以备检查，然后每人半页，依辈排列。

　　家谱修撰，到了明清两代，其结构已基本定型。明清两代，家谱的格式大致排列如下：

　　（1）谱序：有自序和他序的区别，其内容为叙述修撰缘起，修谱目的，本谱的修撰历史、过程与内容大要，修谱的人员构成，修订年月，家族的渊源传承和迁徙经过，郡望，以往历次修谱情况以及对谱学理论的认识等，作用是宣扬本谱主旨，颂扬祖德，使子孙读后能敬祖向善。如果本谱是续修之作，那么，除收载新写的序外，以往历次修谱的旧序也一并收入，对于续修次数多的家谱，有时新旧序能多达数十篇。此外，为了增光族望，还会专请当代名人作序，并将以往名人为列谱所作的序也依时代先后排列收载。谱序在有些家谱中亦有别称为"引""谱说""谱铭""谱券"等。

（2）题辞：不是每部家谱都有，大多是前代皇帝或名人为本家族或家谱的题辞，放在显著位置，目的是以此炫耀家世。

（3）凡例：也有称谱例，主要是介绍本谱的纂修原则与编写体例，收录范围，结构特点，各种著录规则，本谱中各类目的立类理由，适用范围，各种可入谱和不可入谱人物的标准，以及诸如如何避讳等行文要求，中心是强调家族血缘的重要性和谱书记述的真实性，内容较丰富，少则几条，多则几十条。

（4）谱论：也称谱说、援古，主要收录前代名人学者谈论谱学的简短语录，其中尤以欧阳修、苏洵、朱熹、程颐、曾巩等宋儒语录最为普遍，也有将明清两代皇帝的谕民榜、谕民诏令载入谱中，作为另一种类型的谱论。

（5）恩荣：也称告身、诰敕、赐谕、公文，集中记载历代皇帝和地方官员对本家族或某些成员的褒奖和封赠文字，包括各种敕书、诰命、御制碑文等，有的还包括皇帝或地方官员为本家族题写的各种匾额，目的是通过重君恩来彰明祖德。

（6）图：明清时代家谱的卷首，多数都有图版，内容不完全相同，一般总具有祖庙、祖茔、祠堂以及牧场、水源或住宅四至图。

（7）节孝：宋代以后至明清，特别重视节孝，家族中出了节妇孝子，是全家族的光荣，因此，很多家谱都在首卷立节孝一章。

（8）像赞：将本家族先人中显达之人，画出其仪容，有些还写上赞语，置于卷首，以求达到光大族望，熏陶后人，使"后世子孙起敬起孝，且可借为感奋"的目的，有些还刊载一些先人遗墨。

（9）考：有疑则考。一个家族，存在几百年、千余年，自然有些事情不太清楚，可修谱时又必须写上，因此，只得进行考索。通常需要进行考证的，大抵有如下内容：姓氏来源、得姓始末、始祖、始迁祖、支派、迁徙经过和原因、如今分布、某些世系、仕籍、先人科名以及祠庙、祖茔等，尤其是本支的迁徙、定居历史和各支外迁史比较重要，其中以先世考最为重要，也最为常见，也有的家谱将这些内容称为谱镜、谱撮。

（10）宗规家训：可单称为族规、族约、祠规、祠约、家规、家约、家戒、家法、家议、家典、家范、家训、家箴、规约、诫谕、宗禁、祖训、规条，是各家族自己制定的约束和教化家族成员的家族法规，内容广泛，基本上为修身、齐家、忠君、敬祖、互助、守法等方面。其中一部分为规约，族人必须遵守，如有违犯，则以家法制裁。另一些为训语，主要为劝诫的内容，教人做人行世的道理，这部分通常称为家教。还有一部分为庙规，也称家礼，为家族祭祀礼仪，如祖庙、祠堂组成，祭祀规矩、程序，婚丧仪式等。这部分内容是封建伦理道德在家谱中的集中体现。

（11）祠堂、祠产、坊墓：记录家族祠堂的历史与现状、规制、神位、世次、祠联、祠匾、配享、崇祀、管理，以及祠产、义庄、义田、祭田的管理和牌坊、祖茔及各房墓地的分布与坐向等。

（12）派语：也称字辈，为记载族人的排行字语。封建时代，家族排行都是有一定寓意的，大多是由皇帝、名人、祖先确定，子孙后代一代一字作为排序。如孔子后代排行字语为：希、言、公、彦、承、宏、闻、贞、尚、衍、兴、毓；传、继、广、昭、宪、庆、繁、祥、令、德、维、垂、佑、钦、绍、念、显、扬，就是明清两代皇帝赐予的，孟、曾、颜三家亦一体遵行。字辈原为汉人专利，清代以后也曾为满族人采用，如清代皇室起名原无字辈，康熙朝始确定字辈，皇子名首字用"胤"，皇孙名首字用"弘"，二字用"日"旁，乾隆、道光、咸丰三朝，又分别各增加四字，形成"胤、弘、永、绵、奕、载、溥、毓、恒、启、焘、闿、增、祺"14代字辈。

（13）世系：也称世表、世系表、世系图、根图，是以图表形式反映家族成员的血缘关系，这是家谱的主要内容，通常是五代为一表。

（14）世系录：也有家谱称世序、世系考、传实、行实、世录，是对世系表的解释，即记录一个人生、老、病、死、葬的简历，内容包括父名、排行、名、字、号、生卒年月日时、享年、官职、功名、德行、葬地、葬向、妻妾的生卒年月日时、封诰、岳家、子女、女嫁之人，有无富贵外孙等，特别重生死、血统。

（15）传记：与世系录有点相似，不同的是世系录是本家族每个男性成员均有，而传记类则是家族中有功名贤能、特殊事迹、丰功伟业、名可行世之人方可入传。形式包括行状、墓志铭、神道碑和年谱等多种。传记又可分为内传、外传两种，内传为有懿行的女子传记，外传为男子传记，可由后人写，也可请当代名人写。也有的按德行、孝友、烈女、仕宦等分类排列。

（16）仕宦录：也称荐辟系、科第录，用以记载族中历代及第入仕族人的名单、履历、科名、政绩、功勋、著作等。

（17）志：家谱中另一种比较重要的内容，大多为家族中专门资料的汇集，如科名、节孝、仕宦、宗行、宗寿、宗才、封赠、族内学校、学产、历代祖屋、祖茔、祖产分布等。这是明清家谱取法于史书中的"志"，即专门史而成。

（18）杂记：其他类不收或遗漏的均在此处叙述，大多为本家族的一些专门资料，如男女高年、争讼、田产、茔地的契约、合约、合同、诉讼文书等，范围很广、很杂。

（19）文献：也称著述、艺文、文苑，收载的均为本家族先人的著述，其中包括各种家规、家训、家范、墓志、行状、诗、文、帖、简、奏疏等。有的全收，有的仅开列目录。

（20）修谱姓氏：一般包括两项内容，一为领衔、编纂人姓名，一为捐献经费人姓名，均列在谱末。

（21）五服图：五服是封建家族法规的重要依据，很多家谱后附五服图，目的是为了令族人重视和了解，不得混乱。

（22）余庆录：家谱修成，末尾照例留几页空白纸，上书"余庆录"，意为子孙绵延，留有余庆。

（23）领谱字号：为了防止家谱外传，一般在家谱后都有顺序号，或用一段特殊文字，如撷（xié）取《千字文》中的一段等，然后登记注册，某人领某号，定期抽查。

此外，在有些家谱中还有一些特殊的内容，如某些家谱专设义谱一类，收载族内各支所收异姓养子、义子的世系。有些家谱中收录有家族中重要人物的年谱资料等。还有些家谱则在谱末专辟"修谱志""附记"等篇章，专门记述本次修谱的经历和遇到的问题等。也有的家谱会注明修谱时的收支账目。近代一些家谱后面，有的还附有一些统计图表，如人口等。

《千字文》

以上所说的家谱的各种格式，并不是每部家谱都完全具备的，由于时代、地区、家族的差异，所修成家谱的详略程度不会完全一样，其余诸如格式分合、排列次序也不会都完全一致，但总体来说，基本上还是按照上述次序排列的。

五、字辈与堂号

字辈与堂号，是家谱中比较受人关注的两个内容。相对而言，字辈更多地受到族人内部关注，特别是在修谱时，入谱人名大多都要按字辈排列。而堂号则除了受到族人的关注之外，还受到外人，尤其是家谱整理和研究者的重视，成为外人研究或著录该家族历史与现状的一个重要内容。

字辈，也称行辈、行第、班辈、字派、班派、派语等。家族中同辈人为了体现宗族关系，通常在起名时需找一个共同用字，不同辈分的共同用字排列起来就形成了这个家族用以标明世系次第的字辈。字辈的形成是为了分尊卑，别长幼。此处的尊卑并不是指政治地位上的尊卑，而是指家族内部辈分的高下。字辈的使用，对一个大家族，尤其是像孔门这样绵延数十代、繁衍达数十万的持久型家族来说，就显得尤为重要。由于字辈的这种能够分尊卑、别长幼的功能，也就为其他一些需要分尊卑、别长幼的群体所借鉴，如宗教教派、社会帮派、武林门派等。这样一来，字辈这种原来纯粹为家族内部使用的文字形态也就有了更大的适用范围。

字辈的产生，有人说起源于汉代。经过考察，我们认为，汉代，甚至在先秦时期，即已出现了一些在名字用字上反映同辈关系的萌芽或苗头，如选共同用字或在偏旁部首上体现出来。然而，这只能是萌芽，它离真正有目的、有意识地使用共同字来区别辈分，进而预先选取一定数量，且有一定意义的"吉字"作为一种规定性、后代子孙取名时必须遵守的字辈，尚有相当大的距离。再说，汉魏时期以至以后相当一段时间内，时人取名多为单字，字辈的区分更难明确。更有甚者，东晋时大书法家王羲之父子几代名中均有"之"字，字辈不仅无从谈起，而且还从根本上违反了后世字辈的要求。所以说，这一时期，即使有字辈的痕迹，也是处于一种自发的萌芽阶段。

隋唐时期，由于这一时期的家谱资料基本上没有留传下来，因此，无法对此做出准确判断。不过，从一些现象中，我们还是可以感觉到，这一时期，某些家族开始出现了同辈在取名时使用共同用字的现象，如唐代著名书法家颜真卿，其堂兄弟中著名者有抵抗安禄山的名将颜杲卿和颜曜卿、颜春卿等，大家都用一个"卿"字。颜真卿的两个儿子颜頵、颜硕都有"页"字偏旁，似乎也合字辈要求，但其曾孙名弘式，与颜杲卿曾孙名从览之间则看不出有什么联系。但这个"卿"字，到底是如何确定下来的，确定时对于不同辈分的用字是否都已确定，同时确定了多少代，这些都无法考定。不过，颜氏家族在某些代有字辈的规定，则是确定无疑的，只不过字辈要求不如后代规范罢了。颜氏如此，其他家族也必有使用字辈的。

据笔者读书的一孔之见，明确确定字辈的记载是在宋初。宋太祖赵匡胤在"玉牒大训"中指出，赵氏族属虽众多，但多数居他邦，导致疏远，"因无统序，昭穆难分，纵然相遇，亦若途人，心实有憾"，于是，在乾德二年（964）下诏，除去已早逝无嗣的兄曹王匡济、弟岐王匡赞之外，余下的自己与晋王光义、魏王光美三枝，分为三支派，各立14字，以别源流，以序昭穆，以达到"朕族无亲疏，世世为缌（sī）麻"的目的。方法是后代取派中一字，另外再随便选取一字成为双字名。太祖赵匡胤派的 14 字为："德、惟、从、世、令、子、伯、师、希、与、孟、由、宜、学"；太宗赵光义派的 14 字为："元、允、宗、仲、士、丕、善、汝、崇、必、良、友、季、同"；魏王赵光美派的 14 字为："德、承、克、叔、之、公、彦、夫、时、若、嗣、古、光、登"。有意思的是，宋代诸帝，都有改名的习惯，开始的名字都还基本按字辈，一成年，又都改成了自己中意的名字，而且多单字。这些字辈用字，赵氏后代也有变更。

皇家的提倡，必然会给社会带来示范作用，宋代各家族使用字辈的理应很多，然限于目力所及，不敢妄言。元代的情况也不清楚，但字辈的影响必然存在。到了明代，字辈的使用进入了相对成熟、相对规范的时期。明朝的玉牒如今存世极少，无法得窥全貌，但从皇帝名字中仍可看出一些很有意思的内容。按理，字辈的使用，通常是同辈共用一个字，大多在中间，另一个字则自便。而明朝历代皇子的名字，第二代均为单名，"木"字偏旁，这符合朱元璋起名以五行为偏旁的原则，可从第三代也就是成祖朱棣之子始，则用双字名，并有字辈，这个字辈是怎么来的，已不清楚。经过归纳，这个字辈依次为"高、瞻、祁、见、祐、厚、载、翊、常、由"。有意思的是第三字仍然以五行为偏旁，仍按火、土、金、水、木排列，如仁宗高炽、宣宗瞻基、英宗祁镇、宪宗见深、孝宗祐樘，另一轮为武宗厚照、穆宗载垕、神宗翊钧、光宗常洛、熹宗由校。这种字辈的用法，在其他家族尚不多见。

判定明朝是字辈使用进入相对成熟时期的另一个理由，是专制社会各家族中最有影响的家族字辈——孔府字辈就是此时被确定下来的。早在元代中期，第五十四代衍圣公孔思晦规定，凡五十四代孙，均以"思"为派，"思"以下为"克"字，这样，就有了字辈的萌芽，但还不是真正意义上的字派，因为五十六代就没有要求，衍圣公名孔希学，五十七代衍圣公又变成单名，孔讷。明朝初年，有说法是朱元璋，也有的说法是建文帝，赐孔府自五十八代之后八代用字"公、彦、承、弘、闻、贞、尚、胤（**清代时因避雍正皇帝讳，改为衍**）"，孔府自己再加上五十六代的"希"和五十七代的"言"字偏旁，形成第一个十代字辈用字"希、言、公、彦、承、弘、闻、贞、尚、衍"。到明天启年间，这十个字已不够用，由六十五代衍圣公孔胤（衍）植奏请皇帝，又续上十个字"兴、毓、传、继、广、昭、宪、庆、繁、祥"。清道光年间，经朝廷同意，又续十个字"令、德、维、垂、佑、钦、绍、念、显、扬"。进入民国后，七十六代衍圣公孔令贻于1919年咨请北洋政府核准后，又制定了20个字辈用字"建、道、敦、安、定、懋、修、肇、彝、长、裕、文、焕、景、端、永、锡、世、续、昌"。这样一来，孔府就有50个字的字辈用字。孔府的字辈大致有如下几个特点：（1）均是吉字。（2）颁布都经过政府。（3）全族人的取名都必须按照字辈，这从孔府历次修谱前发布的榜文中明确指出的凡不循世次，随意取名者，概不准入谱，即可看出取名按字辈的严肃性。（4）孔府的字辈，不仅孔氏族人使用，就连孟、曾、颜三大家族也都照行不渝，四个家族共同奉用一套字辈，这在中国历史上也是唯一的。

明清之后，字辈愈加得到各家族的认可，许多家族都形成了自己家族的字辈。字辈都是由吉利和吉庆的单字组成，一般是五的倍数，连接起来，朗朗上口，就成了带有一定意义、反映一定情怀、体现本家族一定价值取向和对子孙殷切期望的特殊的五言体诗。当然，也有四和七的倍数，形成一首首独特的四言、七言体诗。

不同时代的字辈取字，所追求的内容多不相同，这也就形成了字辈的时代特点。封建时代，人们被灌输的是忠孝节义、忠君孝友、光宗耀祖的思想和伦理道德，这就有了诸如"廷岁约用，惟君仕允"；"忠厚传家久，孝廉布四方，节全是吾本，义字万世传"；"光昌兴宗德，富贵古流传"；"绍庭为国瑞，光彩振家声"；"世业绍宗先，忠信立之本，仁义致胜全"等字辈。还有一些能够看出字辈制定者的社会责任感和追求和平的向往，如"立志守端方，士卫保国光"；"万世愈昌宁，至道登朝贵"等。民国年间，则有"文明到了开泰远"，"忠贞爱国"等。这在除《孔子世家谱》之外的国内其他最有名的家谱中同样可以看到，如《韶山毛氏族谱》的字辈为："立显荣朝士，文方运济祥，祖恩贻泽远，世代永承昌，孝友传家本，忠良振国光，起元敦圣学，风雅列明章。"毛泽东为十四世"泽"字辈，其父毛贻昌为十三世"贻"字辈，祖父毛恩普为十二世"恩"字辈。另外，《武岭蒋氏宗谱》的"行第歌"中自二十五世为："祁斯肇周国，孝友得成章，秀明启贤达，弈世庆吉昌。"蒋介石谱名周泰，为第二十八世；其父蒋肇聪，为二十七世"肇"字辈；子经国、纬国，为"国"字辈；孙孝文、孝武、孝勇、孝章，为"孝"字辈。抗战胜利后，则有"实行宪法，民心咸悦，安休富强，永保华国"等字辈。到了当代，人们的追求有了更大的变化，也就有了全新内容的字辈用字，如 1998 年川渝联宗《徐氏族谱》中提出了新的 40 字新字辈，照录如下："华光普照明，东海映太平，茂志泽道远，文武显龙廷，福全增富贵，科学振嘉兴，庆恩育英杰，承先世代荣。"在传统意义上增加了新的追求，反映了时代的特征。

字辈除了具有时代特征之外，有的还具有地域特征。张仲荧、张汝宜二位在《四川族姓之班辈检讨》[①]一文中，就提供了一些带有较典型地域特征的四川各家族字辈。四川各家族多为元、明、清三代自外省迁入，迁入始祖大多为贫苦之民，没有文化。入川之后，渐渐致富，文化也随之提高，开始建祠修谱，拟定字辈。这些字辈用字，除了具有字辈用字的一般特征之外，还有一些其他地区所未见的内容，如以水、土择字，"沐浩泽汞流江汉，永源治济津清灌"，"埏堞堤塏，坡坤坵坦，坩城垛基，坚埴培垒"。有许多家族定字辈时多为 40 字，暗含三十六天罡加四象。还有的字辈用字按五行顺序排列，也有的用字暗含天干、地支，有的则连接原居住地与今居住地。最为特殊的是朱氏族谱，谱中男女采用不同字辈，男子为"光观上国进，世笃绪忠贞，奇才立大志，德振焕家声"，女子为"贤良慈惠著，淑慎幽闲月，静一端庄素，至性赋体纯"，男子要求"奇才立大志"，最终能够光宗耀祖，而女子则要求"贤良""端庄"，对族中男子、女子的不同期待，跃然纸上。

字辈，虽然承载了许多文化的、价值取向上的、伦理的内容，但究其本质还是一个家族的内部机密。除了孔府作为一个显族，带有公

---

① 中国谱牒学研究会 . 谱牒学研究（第四辑）［M］. 北京：书目文献出版社，1995：42.

共家族意味之外，其他的家族一般都不太愿意将字辈告之别人，以防冒宗等一些不愉快事情发生。这从江西师大历史系教授梁洪生先生的一个小经历即可看出，当年梁先生在赣中南某地，曾为一黄姓乡民讲解过他的家谱内容，分手后，这位黄姓乡民又跑回来，很认真地叮嘱说："不要把我黄姓的字派告诉别人。"

少数民族原本命名不用字辈，随着汉化程度的提高，也开始出现字辈。如满族，早期命名并没有用字辈区别长幼的，原来的汉名都是满文音译，康熙时期才开始讲究子孙的字辈用字或用偏旁区别名字，以此来明宗支、世次，别关系亲疏。乾隆时期，宗室子弟繁衍日多，根据他的安排，康熙皇帝玄烨的直系，自他而下，用"永、绵、奕、载"四个字作字辈。道光七年（1827），又续了"溥、毓、恒、启"四个字。咸丰七年（1857），再续了"焘、恺、增、祺"四个字。由于"绵"字辈之后，近支宗室迅速发展，宗支日渐增多，因此，又在名字的第二个字用偏旁区别远近，直系中"奕"字辈第二字均用"言"字偏旁，如"奕𬤊、奕䜣、奕誉、奕谟"等，"载"字辈均用"三点水"偏旁，如"载沣、载涛、载漪"等，"溥"字辈均用"单人"偏旁，如"溥杰、溥儒、溥侗、溥佐"等。皇室如此，旗人自然纷纷仿效，如民国修《马佳氏族谱》"定世字"规定的字辈为："天经国纬，祖德宗功，嘉猷懋绩，宣勤效忠，钧衡鼎笏，代有传人，显扬蕃衍，承泽存仁。"文后小注说："以上二十二字自二十世起，凡我苗裔，一代用一字以纪事，男女一致，遵守排用……不得任意更改，以免混乱。"此外，其他如同治年间东北满人洪锡英所修《洪氏族谱》以及《新修富察氏支谱》，也都明确列有相应的字辈。

满族以外的少数民族也有类似现象。如福建的惠安回族郭氏第十一世至第四十二世的字辈为："瑞天定朝，清廉启国，家修廷献，文明恒作，必有先成，用垂式谷，鸿声骏采，以介景福。"南安蒙古族黄氏，以及福建畲族的某些姓氏，也都拥有字辈，有的还达到一百世。此外，在广西罗城仫佬族银氏、罗氏家谱中，也都使用着字辈。这不能不说汉民族字辈文化影响的广远。

除了家族需要用字辈以分尊卑、别长幼，在一些宗教宗派和江湖门派中也同样如此，其取字方式同样反映了他们的追求与本宗派的特点。青洪帮是这样，道教等某些宗派也是这样。如四川青城山属于全真道龙门派丹台碧洞宗的常道观的字辈为："道德通玄静，真常守太清，一阳来复本，合教永元明，至理宗诚信。"其他各派大多也有，以至中国道教协会所在的全真道第一丛林——北京白云观就专门收藏有《诸真宗派总簿》，内里基本收全了各宗派的字辈。游方道士来此挂单，必须背诵本宗派谱系，说清本宗派源流，否则，就有被视为冒充道士的可能。因此，在有关道士的日常功课中，就有背熟本宗派字辈这一条。

地处嵩山的少林寺，为禅宗祖庭。据寺内《释氏源流碑》记载，元代雪庭福裕禅师立曹洞根本一宗，并预先排定70字作为字辈，以供后来僧人按规定取法名，定法裔辈数高下。这70字依次为："祖慧智子觉，了本圆可悟，周洪普广宗，道庆同玄祖，清静真如海，湛寂淳贞素，德行永延恒，妙本常坚固，心朗照幽深，性明鉴宗祚，表正善喜祥，谨愿原齐度，雪庭为导师，引汝归铉路。"现在少林寺的方丈永信禅师为第三十三代"永"字辈。

　　普通家族的字辈可以防止冒宗，这些特殊宗派的字辈也同样具有这样的功能。比如曾名噪一时的海灯法师，自充少林正宗，师父为少林巨擘汝峰大师，但从少林字辈中我们即可得出这样的结论：这不是真实的。因为"海"是第二十五代，而"汝"是第六十七代，中间相差四十多代；再说"海"字辈是二三百年前的，而"汝"字辈则至少六七百年后方才会出现，怎么也不可能出现几百年前的徒弟拜几百年后的师父这种荒唐事。海灯如此而为，只能说明他缺乏这方面的常识。他的少林身份，自然也就是一场闹剧。

　　堂号，实际上是祠堂名号，是一个姓氏或家族的标志和代表，标志着血缘、历史和荣誉。堂号出现最多的是在祠堂，通常还伴有堂联。此外，还出现在家谱、神主或墓碑之上。

　　家族祠堂使用堂号起源于何时，已不可考。但堂号的来源，还是能够依稀辨别出，大致可以上溯到上古的氏族公社时期，每一个氏族大多都有自己的名称和徽号。近一点也可追溯到隋唐时期的文人以堂命名的室名、书斋名和对郡望的推崇。从现有文献看，唐代文人为抒发情怀、展示情趣而喜欢选取若干文字，加上堂字，以作为室名或斋名。这在中唐以后，成为一时风尚，其中著名的有杜牧的"碧澜堂"、元载的"元晖堂"、裴度的"绿野堂"等。宋代更是普遍，据陈乃乾《室名别号索引》记载，宋人使用堂字的室名就有数百个，这其中，有不少就直接被后世作为家族堂号使用，如尤袤"遂初堂"等。在唐代，文人好标郡望，成为一时时尚。郡望也称地望、族望，以至有"爵位不如族望"的说法。曾有位名叫李稹的，官至怀州刺史，在给人写信时，也只称陇西李稹而不称官衔。更有甚者，韩愈的家乡据今人考证为河阳（今河南孟州），但仍自称昌黎，因为这是郡望。郡望也是后世各宗族所标堂号的主要来源。

堂号中所使用的郡望，实际上是郡名或郡号，如果严格地考察一下，就会发现，这些郡号除了有相当部分是郡名之外，其中亦掺杂有诸如诸侯国名以及府、州、县名。郡是秦、汉时期行政建制。古人郡望意识的高涨在很大程度上与政治因素有关。郡望大致可以分为两个方面：一为发祥之郡，一为望出之郡。早在汉代，实行郡国察举，曹魏之后，通行九品中正制，晋代的郡公郡伯制，都以郡中豪门大姓作为选官用人的标准。传袭日久，势必族大势盛，这样一来，就形成了一些地区成了某些姓氏或家族的发祥地。古人好古，沿用旧名，即郡名，这就是发祥之郡的郡号。随着时代的发展，一些姓氏或家族从发祥地迁至他郡，历经传衍，又成为该郡的望族巨室，这些郡于是就成了该姓氏或家族的望出之郡。当然，也有后人不明，误将发祥地混同望出地。发祥之郡与望出之郡，合称为郡望。

郡望的普遍流行，是在北朝时期。北魏孝文帝改革，推行汉化，令胡人改姓汉姓，鼓励胡、汉通婚。与此相对应，留居北方的一些中原士族，大多撰修家谱，标明郡号，以有别于异族而自高身份。到了北齐时期，凡是自认为家族高贵，或为当地人推许的各类家族，也都自标郡望，目的是"望以别族"，以郡望来区别他族。到了隋唐，此风一发而不可止。隋唐之后，人口繁衍加快，年久族盛人多，因故迁徙流离，为不忘本源，永记世系，那些自认为名门望族之后的后人们大多都在姓氏之前冠以郡望。如题于祠堂之上，则就成了堂号。

堂号的命名大致有两大类型：一为有明显的姓氏特征，另一为没有明显的姓氏特征，两者之中，以有姓氏特征者为最多。在有姓氏特征的堂号中，使用郡望是最普遍的。而郡望堂号又分为使用发祥之郡的郡名和使用望出之郡的郡名两种，有时这二者不太好区分，但对于一些较为明显的，我们还是可以看出。如李氏"陇西堂"、王氏"太原堂"、杨氏"弘农堂"、徐氏"东海堂"、刘氏"彭城堂"、萧氏"兰陵堂"、何氏"庐江堂"、姜氏"天水堂"、戈氏"临海堂"、陶氏"济阳堂"、伏氏"济南堂"、柳氏"河东堂"、赵氏"天水堂"、黄氏"江夏堂"、周氏"汝南堂"等，都是使用发祥之郡的郡名，而黄氏"上谷堂"、王氏"山阳堂"、刘氏"弘农堂"、周氏"河南堂"、赵氏"金城堂"、徐氏"高平堂"等，虽也是郡名，但都是望出之郡，就连知名度最高的王氏"琅琊堂"，也是望出之郡。有时一个姓氏并不止一个发祥之地，如伏氏还有"太原堂"，萧氏亦有"广陵堂"，徐氏的望出地堂号就有"东莞堂""高平堂""琅琊堂""濮阳堂"等，其他一些大姓，如王、刘、黄、周等则更多。

除了郡望之外，拥有明显姓氏特征的堂号还表现为根据先人的德望、操行、功业、科第、字号、著述、封谥、居住地、室名、书斋名以及嘉言懿行和传说命名，以示家世显赫，或借以弘扬祖德，启裕后人。如陶氏"五柳堂"，取自陶渊明"五柳居士"；郭氏"汾阳堂"，取自唐代郭子仪封为"汾阳郡王"；包氏"孝肃堂"，取自宋代包拯谥号"孝肃"；左氏"三都堂"，取自晋代左思名文《三都赋》；周氏"爱莲堂"，取自宋代周敦颐名文《爱莲说》；曾氏"三省堂"，取自曾子"三省吾身"之说；杨氏"四知堂"，取自东汉杨震拒贿名言"天知、地知、我知、子知"；张氏"百忍堂"，取自汉代张艺九代同堂、和睦相处的秘方为 100 个"忍"字；杜氏"少陵堂"，取自杜甫字少陵；吴氏"至德堂"，取自吴氏祖先吴泰伯、吴季礼贤而让王位的高尚品德事；谢氏"宝树堂"，取自唐人王勃《滕王阁序》中赞美东晋谢家之语；文氏"正气堂"，取自宋人文天祥千古名诗《正气歌》；刘氏"天禄堂"，取自汉代刘向、刘歆父子校书于天禄阁；谢氏"东山堂"，取自东晋谢安隐居东山；裴氏"绿野堂"，取自唐代裴度别墅中的室名；季氏"一诺堂"，取自楚汉时季布一诺；江氏"彩笔堂"，取自梁朝江淹故事；徐氏"五桂堂"，取自宋代徐济生五子俱登进士故事。诸如此类，不一而足。这一类堂号，在家族各支派中重复率比较高，对于这类堂号，需要注意的是难免有对先人粉饰美化、牵强附会、言过其实之处。

文天祥画像

没有明显姓氏特征的堂号则主要取材于吉利、祥瑞之语和前人佳句，也有的取义于体现封建伦理纲常、训勉后人积极向上的词语，如敦本堂、敦伦堂、敦礼堂、崇仁堂、忠厚堂、秉德堂、报本堂、福聚堂、克慎堂、世德堂、忠孝堂等。这一类堂号在不同家族中重复率很高。据《上海图书馆馆藏家谱提要》所附"堂号索引"可以看到，"敦本堂"有六十多个姓氏使用，"敦睦堂""录思堂"有四十多个姓氏使用，"敦伦堂""世德堂""崇本堂"等有三十多个姓氏使用。

这些不同姓氏的堂号重复大多是一种不自觉的行为，或是说是在没有默契的情况下的自己的选择。但也有例外，如在南方闽粤一带的洪、江、翁、方、龚、汪六个姓氏有时会共同使用"六桂堂"这个堂号，原因是这六个姓氏的祖源都是北宋初的翁姓，实际上还是一个家族。可这种情况是极为罕见的。

堂号作为中国封建宗法社会的一种特殊产物，不仅是一个姓氏、一个家族及其支派的代称，同时，由于其历史很久，流传甚广，寓意深刻而丰富，也是我们了解、认识和研究历史学、社会学、文学、姓氏学、人口学、民俗学等学科的重要资料。除此之外，它还是当今对家谱文献进行数字化整理和读者检索家谱的一个重要著录款目与检索途径，其重要性越来越受到世人的重视。

六、避讳与谱禁

避讳，是中国历史上的一种特殊的文化现象。这种文化现象已经存在了数千年。避讳的产生，最早大约是源于古人为了尊崇已故去的祖先，或出于对自身无法知晓、无法抗拒的自然界或其他冥冥之中的事物的敬畏，不愿直呼其名而采取的一种变通方式。之后，随着社会的发展，需要这种变通的地方越来越多，家中的父、祖之名须避，与人交往时别人的父、祖之名也要避，社会公共生活中，国王、皇帝、外戚、官僚、贵族这些社会统治者，以至外国君主和大成至圣先师孔子的本名及其父、祖之名更要避，而且避得更严格、更认真。在很多特殊行业中，也存在着大量的避讳现象。

避讳作为一种社会规范被定型，大约是在春秋时代。《春秋》一书中就有诸如为子为臣，要为尊者讳、为亲者讳、为贤者讳的说法。《礼记》中也有入境问禁、入门问讳之礼。到了秦代，避讳正式规范化，唐、宋两代，达到高峰。明、清两代，尤其是清代康雍乾三朝，由于"文字狱"的关系，避讳被执行得最为严格，世人读书临文，皆须避讳，如有违犯，定惩不贷。

避讳的方式通常有改字、改音、加偏旁部首、去一字、空一字、缺笔、称字、改称呼和以"某""讳""上讳"等字代替等。其中改字最普遍，大多数为同义字。如避汉高祖刘邦讳，邦改为国；为避汉光武帝刘秀讳，秀才就变成了茂才；为避汉明帝刘庄讳，庄改为严，庄子自然就成了严子，老庄之学也就成了老严之学；为避唐太宗李世民讳，厌世就成了厌代；淮南王刘安父亲名长，于是，《淮南子》一书中所有"长"字都改为"修"字。改字还有一种类型，即改字形结构。如为避唐太宗李世民讳，所有字中有民的部分全部用氏代替，这样，又新造了一批字。改音的如正月，为避秦始皇嬴政讳，正月改写成端月，读为"征"月。去一字的，如为避唐太宗李世民讳，观世音菩萨成了观音菩萨，李世勣成为李勣。空一字通常是空一格不写，或加方框，或称"某""讳"等。缺笔则是最后一笔不写，如孔子之名丘，古代读书人写到此处，一般都采取缺笔。有关这一条，我们在《红楼梦》中也可见到，林黛玉小时候在家上学，写到敏时，也缺最后一笔，是避她母亲贾敏的讳。加偏旁部首的，如清雍正皇帝雍正三年（1725）下诏：为避孔子讳，姓氏中的丘全部改为邱，而地名中的丘或换字，或加偏旁也成为邱，并改读音为"期"。至于因避讳需要不称名而称字的则更多，"庙讳""上讳"则是写到皇帝的名字时用。这其中最荒谬的还是改称呼，如五代时浙江人为避越王钱缪讳，改石榴为金樱；薯蓣在唐代因避唐代宗李豫讳，改为薯药，到了宋朝，又要避宋英宗赵曙讳，干脆改为山药。这种恶例一直延续到民国年间，元宵一词由来已久，可到袁世凯当政时期，因与"袁消"同音，被改为汤团。

　　避讳的对象、内容，在不同时代，也是不尽相同的。总而言之，是越到后世越繁复，越严格，范围也越广。比如早期，在秦朝，只要避皇帝及其近几代祖先的名讳就可以了。汉代以后，社会生活中避讳面扩大，诸如太子、太后、外戚、割据一方的军阀、豪强及外国君主的正名、表字、小名都得避。如晋简文郑太后名阿春，于是，为避讳，《春秋》一书在晋代就成了《阳秋》。不仅如此，还发展到除避名、字的本字外，就连一些读音相同、字形相近的字都要避。避字音相同的最有名的例子莫过于"只许州官放火，不许百姓点灯"了，州官名田登，自然不许人提"灯"而叫火，元宵节放灯，告示为"本州依例，放火三日"。此外，在唐朝，"丙"皆作"景"，是避唐高祖之父李炳之讳。五代时朱全忠曾祖名茂琳，戊与茂字形相近，改为武；朱全忠父亲名诚，城与诚不仅音同，字形也近，避讳改为墙，于是，后梁一代，城隍庙都成了墙隍庙。到了宋朝，又明令百姓取名不许用龙、天、君、玉帝、上、圣、皇等字。清朝建立，由于是异族入主，十分忌讳胡、虏、夷、狄等字，因此，清前期人行文刻书，都要避讳。避讳的内容，不仅当时人需要遵守，不得违犯，就连已经成型的东西，如姓氏、地名、官名、干支、寺名、山名、书名、前代人名、年号、俗语、谥号、物品名等，都要更改以避讳。以改姓为例，籍姓避项羽之讳，改为席；庆姓避汉安帝父讳，改为贺；奭（shì）姓避汉元帝讳，改为盛，五代时王审知统治福建，建立闽政权，为避其讳，福建沈姓大多去水成尤姓。如此这般，不一而足，不胜枚举。避讳到极致时，为避家讳，宁可辞官不就或不参加科举考试也不敢犯讳。其中最著名的当属唐代诗人李贺，其父名晋肃，为避讳，不参加进士科考试。即使参加考试，如果考题中有犯家讳的，也必须马上中止考试。其他如写《后汉书》的范晔，其父名泰，被任命为太子詹事，因避讳而不就；北朝李延实祖父名宝，他也就不敢就任侍中太保的官职。由于孔门第二代叫孔鲤，因此，孔氏家族讳"鲤"字，祭祀也不用鲤鱼，鲤鱼被称作红鱼、福鱼。杜甫的母亲名海棠，杜甫一生写诗3000多首，留下的有1400余首，其中有大量的田园诗，但就是没写过咏海棠的诗。由于各时代避讳不同，还会导致一个古人在不同时代不断被改名的情况出现。如《史记音义》作者徐广，南朝刘宋时人，隋朝时为避炀帝杨广讳，以字为名，被写成徐野民，到了唐朝，要避唐太宗李世民讳，又被改写为徐野人。

在避讳中，还有一种极特殊的类型，即因为厌恶而避讳。如"安史之乱"之后，唐肃宗极恶安禄山，于是，郡县名中，有安、禄二字的，统统改掉，由于这两字在汉字中是褒义字，地名使用者很多，因而，据不完全统计，有三十多个郡县被改名。此外，南宋因与金朝是世仇，因此，宋皇帝写金全部用今代替。明初民间追恨元人，民间贸易文书中元年全部都写成原年。更有甚者，明末有个叫李鬯（chàng）和的，因耻于与李自成同姓，而上书改姓理。

遇到需要避讳之处而严格执行，这在当时是正确的态度，如若不然，则是犯讳，都必然会受到社会舆论的谴责或以大不敬的罪过受惩罚。如若用了与自己身份不相符合的文字或物品，则是僭越，尤其是在社会政治生活中，更是如此，轻则受责、罚俸、丢官，严重时还会丢脑袋。如明正统年间，山西乡试的试题是"维周之桢"，犯楚王讳，出题考官罚俸。因犯讳处罚最重的是清乾隆年间王锡侯的《字贯》案，江西举人王锡侯编了一部字典《字贯》，仅在凡例中列举了康熙、雍正两朝庙讳和乾隆御名，又将庙名和御名列在孔子之后，引起皇帝强烈不满，遂兴大狱，按大逆罪问斩，且株连多人，子孙七人为斩监候，秋后处决，妻媳及未成年之子给功臣家为奴，家财籍没入官，所写所刻的书一律销毁，就连支持他编《字贯》的封疆大吏也因"失察"而被革职，实属骇人。属于这类的还有雍正四年（1726）江西学政查嗣庭所出考题"维民所止"和乾隆二十年广西学政胡中藻所出考题"乾三爻不象龙"，都因为犯了雍正与乾隆讳，不仅自己被杀，还连累了家人、朋友。而实际上，"维民所止"出自《诗经》，"乾三爻不象龙"出自《周易》，你说他们冤不冤？

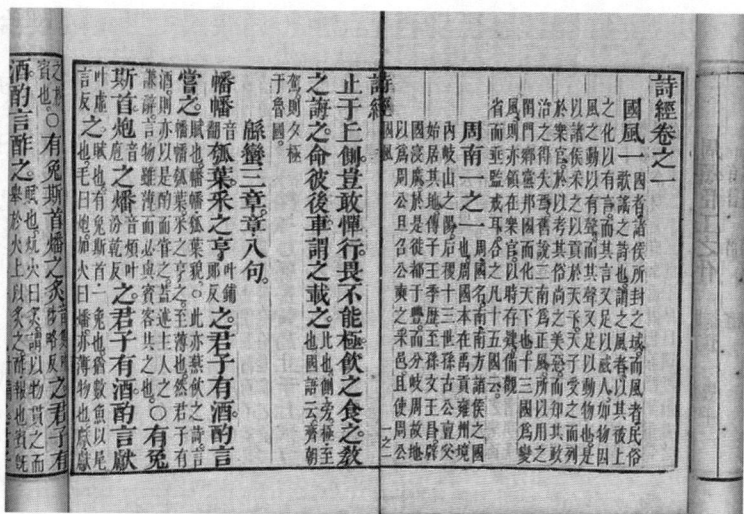

《诗经》

避讳这种特殊的文化现象，一直充斥在中国封建时代的日常生活和历代流传的图书文献之中，作为古代文献之一的家谱，虽然是一种私隐性很强的文献，但也不能例外。

家谱中的避讳，在汉代就已出现，从保留至今的东汉时所立的《孙叔敖碑》和《三老赵宽碑》就可看出。此二碑为他人所立，在行文中对所叙人物，大部分称字而不称名，这是汉代人避尊者讳常用的一种方式。汉代以后的 1000 多年里，修谱中一般需要注意技术处理的仅仅是文字避讳问题，如避当朝皇帝讳、尊者讳等。然而，随着修谱的普遍化和明朝中后期谱书中大量出现的族源上溯到上古的三皇五帝或前代皇帝，或为了高自标誉，谱书中出现大量虚假和僭妄的内容和文字。可由于家谱的私隐性和明后期政权的无力，这种现象得以延续并得到蔓延。

　　清朝建立后，情况发生了变化。由于异族入主导致的政治嗅觉敏感和政权的强大与清朝统治者在文化、思想领域的刻意所为，修谱就不仅仅是文字上需要注意避讳的问题了，政府对谱书的内容、格式也有了些具体要求，一些内容被严格禁止，不能违背。皇权的触角终于伸向家谱这一纯粹私人的角落中，这就是通常人们所说的"谱禁"。

　　清政府对私人纂修家谱进行直接干预，主要集中在乾隆年间，大约形成两次高潮。

　　第一次发生在乾隆二十九年（1764）。前一年，辅德出任江西巡抚，上任后，发现治下江西境内大量出现合族建祠现象，几个本来没有关系或关系不大的同姓家族，在省城或府城合资建立一座祠堂，供奉所谓共同的祖先，借以收敛钱财，导致祠产纠纷不断增多。同时，受当时风气影响，各家族在纂修家谱时大都远攀古代君主作为自己的祖先，如姓周的祖先必是后稷，姓吴的祖先必是泰伯，姓姜的祖先必是姜太公，人人以华族帝胄自居。行文中也经常出现一些僭越之词。这种不正常的情况引起了他的注意。一年后，他给皇帝上书，希望采取措施，改变这种状况。根据他的奏章，乾隆皇帝觉得这是一个普遍问题，绝不仅仅存在于江西一省，于是，下令各省督、抚和地方官员留心稽查，也就是说对所属地区家谱内容进行审查，并明令禁止不准在省城、府城内合族建祠。辅德深受鼓励，在江西境内全力执行，逐族审查，吊验谱书，果然发现问题很严重：江西各族谱中，始祖推到唐、宋，已属近代，而以两汉之前，三皇五帝为始祖者，比比皆是，甚至已远涉盘古地皇，最荒唐的是一些只见于稗官野史、小说话本中的人物，如雷震子之类，也被奉为始祖。据统计，江西境内家谱中载有荒诞不经始祖的共有 1016 姓，足见这种现象的普遍。辅德在清查的基础上，下令所有这些一律删除，并毁其版，而以始迁本地或世系分明者为始祖。家谱修成后，必须经官府审查无误，盖印后方可分发。清朝初年的顺治、康熙、雍正三帝，原本出于维护封建统治的需要，均是热心鼓励各家族纂修家谱的，是想通过以编修家谱、弘扬宗族伦理来和宗睦族、联络疏远，达到稳定社会秩序的目的，可万万没想到，最后出现的某些负面后果竟到了不得不采取政治力量进行干预的地步。这一次谱禁，除江西辅德是主动而为之外，其他各地官员大多为被动而为。

　　乾隆四十年代中叶，是谱禁的第二个高潮。此时情况发生了变化，各地方官员为了自身利益，大多积极主动而为。这次谱禁的背景是清修《四库全书》和"文字狱"的风行。特点是重点查找、删改家谱中的僭妄、违碍字句。乾隆三十八年（1773），清开四库全书馆，两次下诏求书，真实意思是维护封建文化专制，查禁违碍书籍。之后，又多次发布上谕，叮嘱此事。乾隆四十三年（1778），四库全书拟定的查办违禁书籍条款九则正式颁布，将查缴禁书的时限由晚明提前到宋元，并多次兴起大狱。在这种背景下，各地方官为了自己免受牵连，也都积极、主动地厕身其间，形成一个全国性的"皇上厘定文体"的行动，家谱自然也不能例外。据当时的相关谱序记载，家谱之中，如有僭妄字句，一律须删改，最后还得由地方官审定，方可付梓印行。在这期间，发生了多起家谱中用词或体例不当而被官员举报的案例，最后的处理也就是将版片和所有家谱尽行销毁，并没有殃及人身。这在当时"文字狱"盛行的大环境下，实属万幸。

清代谱禁的内容主要表现在如下方面：

第一，祖先名字如果犯了庙号、御名、亲王名直至孔子名讳的，一律改用同音字以避之。这就是说，很多人要为自己的祖先改名字，这是一件很不舒服的事，可也没办法，现实的脑袋和饭碗要比死去先人的名字重要得多。当然，避讳也不仅是针对一般人家的，即使是皇帝家谱——玉牒，写到皇帝名字时也要避讳，或用一块黄绫盖住名字，或只写庙号、谥号。

第二，在追溯祖先时，不准妄自攀缘，只能以五世祖为始祖，或以带领全家或全族迁至当地的祖先为始祖。在清朝，只有皇家是最高贵的，其他百姓均是治下子民，如果攀缘到几十代、上百代之外的祖先也是皇帝，以帝族自诩，岂不混淆视听，引起混乱吗？以五世祖或始迁当地之祖为本家族祖先的上限，则一切人家最多只能是豪门世家，祖先也是子民，现在仍为子民，心安理得，不存邪念。

第三，谱书结构上不准出现"世表""传赞"之类名目，以符合庶民身份。世表、传赞等是史书体例，世表在史书中只能用于皇亲国戚、达官显贵，传赞也不是普通庶民之家所应该使用的。为此，世表一律改成世谱，传赞取消。同时，谱中还不准刊载祖先画像。此外，对于明代以来家谱中经常采用的、原先只供形容古代帝王诸侯的用词，如始迁为开基，置业称创业，造屋称启宇，复兴称中兴等僭妄之词，一律恢复原称。

第四，行文中遇到清代的年号，要换行抬一格写，有时考虑到不断换行，太浪费纸张，也可采用在本行空一格再写，以示尊崇。在行文中如有晚明的年号，一律删掉，换算成清朝年号，或直接写明唐王某年或桂王某年。

此外，文人惹祸全在笔端。因此，对于家谱中艺文类的文章要严加审查，只要有违碍文字，一律抽改，更有许多在此时新修的家谱，干脆取消这方面的内容，不要艺文类，以保无虞。

谱禁严格时期，很多家族在家谱修成之后，不顾家谱不外传的规矩，恭恭敬敬地送交地方官员审查，以保安全。就连贵为世代一品的孔府家谱也不例外。如乾隆九年（1744）孔府依例甲子修谱，谱成30多年后，于乾隆四十七年（1782）又由衍圣公府下令各户，收回原本，改刊重印。由于当时收回得不彻底，至今尚能见到原本，用改刊本对照原本，出入很多，主要是删改和削减，抽去了若干不妥的内容。

然而，宋代以后的家谱都由私人所修和珍藏，很少会流传出去。再说，子孙给祖先改名字，本身就不符合传统的道德准则；家谱的序、传、艺文，通常是修谱人家用以炫耀家世之所在，不容粉饰，据实而言，又何以能够骄人；先人画像，原也是家谱的特色之一，如果去掉实在也是使人感到遗憾的。因此，即使在谱禁最严厉的时期，除了一些较为谨慎或有人在朝廷做官的家族比较严格遵守之外，一般家族大多没有严格遵守。尤其是嘉庆、道光之后，政权统治力下降，统治者对思想、文化方面的控制逐渐放松，再加上全国新修家谱数量激增，无论是哪方面，都已没有精力或不可能再一部一部地审查所有家谱了，清代的谱禁也就逐步取消了。

七、价值与利用

中华民族有家谱的历史已经 3000 多年了，在这漫长的岁月里，我们的祖先编制了难以数计的家谱。这些家谱，在他们的时代，在他们的社会、政治、经济、文化活动中曾发挥过一定的作用。从商周到汉代，家谱的主要作用是祭祀祖先、证明血统、辨别世系，同时，又是权力和财产继承的依据。进入魏晋南北朝的门阀社会后，家谱在政治、社会生活方面的重要性大大增强，家谱的主要作用是证明门第，做官以至婚姻嫁娶及社会交往都是以家谱为依据，家谱已由家族文献转而成为一种政治工具。隋唐两代，取士多由科举，家谱在选官方面的政治作用削弱，但在婚姻等方面的作用增大。宋代以后，取士、婚嫁不看重门第，各社会阶层的成员升降变迁也很频繁，家谱的政治作用基本消失，编修家谱成为家族内部的事情，家谱的作用也随之发生变化。宋元明清几代家谱的纂修主要是为记录家族历史，纯洁家族血统，尊祖、敬宗、睦族，团结、约束家族成员，教育后代，提高本家族在社会中的地位和声望，家谱的教育功能增强，家谱中大量出现家族祖先的善举恩荣和各种家训、家箴，对于传播封建伦理、稳定社会秩序发挥了一定作用。因而，家谱的纂修无论是唐代以前还是宋代以后，往往都得到政府的支持和鼓励。此外，明清两代科举取士，各地中举名额都有一定数额，一些考生往往冒移籍贯，避多就少，迁往文化相对不发达的地区，以期容易考上，就如同当今高考前变更籍贯一般。为此，经常引起诉讼，家谱此时又将发挥证明作用。清代旗人袭爵、出仕，需要出示家谱以为凭据，这也可以看作是家谱的政治作用的一点绪余吧。

当今时代，家谱作为一种历史文献，对于我们了解过去仍有重要作用。它的价值大致表现在如下方面：

第一，对于古代人物研究具有相当权威的资料价值。我们知道，查考古代人物，主要是通过正史中的传记，古代的文集、笔记和方志等。一些不太有名的人物，在这些资料中就很难找到，如果有，也只是寥寥数语，即使是一些著名人物，有时也存在这样的问题。家谱就不同了，家谱的特点是记录家族人物，在世系录中于每人之下均注明属于何支、何房及名、字、号、行第、生卒年月日时、享年、妻室、子女、墓地，尤其对功名、官阶等记载较详，艺文中还收录了有关行状、传记、墓志等资料，重要人物还专门写有传记。这些资料，其中虽然会有溢美之词，但大多数内容是可靠的。通过家谱，我们不仅可以知道我们所要了解的人物本身的情况，还可以了解他们的世系，即祖先情况和子女情况。近年来，学者们研究的目光逐步投射到家谱，利用家谱资料，纠正了过去历史人物研究中的很多疑点。如有人利用《五庆堂重修辽东曹氏宗谱》，考证出《红楼梦》作者曹雪芹的祖籍是辽阳，后迁居沈阳，不是通常人们认为的河北丰润，曹雪芹的先人原为明朝军官，在战争中投降了满人，开始隶属于汉军旗，后改归满洲正白旗。家谱资料的使用，使得红学研究中几大疑问之一的曹雪芹的祖籍和旗籍问题得以解决。又有人通过泉州《林李宗谱》，考证出明代思想家李贽原姓林，名载贽，他父亲、祖父都信奉伊斯兰教，其本人也有阿拉伯或波斯血统。于江苏苏州发现的《甲山北湾孙氏宗谱》，对于进一步弄清孙子身世、姓名及与孙膑的关系，具有重要的参考价值。学术界过去通常认为，孙子名武，字长卿，田完八世孙。可谱载孙子名开，字子疆，田完六世孙，谱中还载孙膑为孙子曾孙，其世系为开（孙子）生明，明生汧，汧生膑，与传统史学界所说孙膑为孙子之孙并不相符。虽然孙子与孙膑的活动时代相距 140 余年，以往也有学者怀疑三代中似有缺代，但苦无证据，此宗谱的发现，使这些疑问迎刃而解。此外，如《洪氏宗谱》《辛氏宗谱》《紫阳朱氏建安谱》《岳氏宗谱》《杨家宗谱》《宋氏宗谱》《富田文氏族谱》《赵氏家谱》《润州包氏家谱》等家谱的陆续发现，给我们了解和研究洪秀全、辛弃疾、朱熹、岳飞、杨家将、宋应星、文天祥、赵匡胤、包拯等历史人物的早期生活以及他们后人的事迹提供了许多宝贵资料。

第二，对于人口史研究具有重要的史料价值。家谱中的世系，是家谱中最基本的部分，对于族人的出生和死亡，都有详细记载，比官方记录要详细且可靠得多。通过家谱，我们可以了解到本家族各个时期的人口数量、人口结构、人口的增减速度和原因、人口的社会构成、职业、文化状况、婚姻状况、寿命等。比如从清代玉牒中，我们可以统计出这样一个数字，清朝的历代皇帝一共生了 103 个皇子（不包括皇帝）、82 个皇女。他们的平均寿命，皇子为 32 岁，皇女为 26 岁，大多死于 5 岁之前。如康熙皇帝共有 35 个皇子、20 个皇女，5 岁前死亡的皇子 12 人、皇女 10 人；活到 18 岁以上的皇子只有 20 人、皇女 8 人；这些皇子、皇女又大部分死于 40 岁左右。皇家的卫生条件和生活条件要比民间优越得多，可还有这么高的死亡率，尤其皇族女子死亡率比男子高，平均寿命比男子短，这种现象很值得研究。另外，有学者在对上海的曹氏和江阴的范氏两个家族的家谱进行研究之后，得出了一系列与我们传统看法不完全一致的结论（选自侯扬方《生存压力下的人口控制行为——中国历史人口学微观研究的评述与再探讨》）。[①] 比如，在 18 世纪，曹氏和范氏家族男子的平均生子数仅为 1.59 和 2.07，当然，得出这个数字是与家谱中幼殇和女儿不入谱有很大关系，但这个数字仍然比我们感觉中的数字要小；又比如，两个家族的男女初婚年龄分别为 20 岁和 18 岁，也不像我们想象中的那么小；再比如，这两个家族中成员的家庭多以核心家族为主，这也与我们传统观念中中国古代多以大家庭为主不符，但这都是事实，是家谱的记载。有关这类资料，除了家谱，是无法从其他方面获得的。

第三，为封建时代宗族制度的研究提供了最基本的资料。宗族制度是封建宗法关系的重要组成部分，是封建统治的基础，也是中国传统文化的一个重要内容。家谱中对于封建宗族制度的介绍和体现是非常全面的。家谱中记载了有关宗族的构成，祠堂的组织、规模、结构、职能、管理范围与官府的关系等，祠产的类型、数量、形成、经营方式和收入用途，族学的规模、收录学生的范围、资金来源、维持方式、奖励内容等。家谱中的族约、宗规、家训、家箴，是用封建的伦理道德来约束族人的思想观念。祠规、家礼规定了各种祭祀、婚丧礼仪和行为规范，包括不准从事的职业，立、继嗣的程序以及违背之后的惩罚措施等。封建的神权、族权和夫权在家谱中都有很明显的体现，这

---

① 上海图书馆，编．中国谱牒研究：全国谱牒开发与利用学术研讨会论文集［M］．上海：上海古籍出版社，1999：256.

些资料在其他类型文献中是很难如此集中地出现的。

第四，为移民问题的研究提供了第一手资料。在中国历史上，各朝代人口的流动是很频繁的，而任何一部家谱都要记录族源和迁徙情况，本家族的始迁祖由何处而来、迁居原因、经何处而定居此地等，都须一一交代清楚。此外，家族定居后又有哪个支房迁出，迁移的原因、数量、迁居何处、移民生活、移民与当地土著的关系、迁居与本房的关系等都有记载。如果较大规模地对家谱中的移民资料进行分析，所得出的结论与一些自然科学家从遗传学的角度研究中国历代姓氏分布史的结论是大致吻合的。另外，通过对一些民族在不同时代和不同地域的发展状况进行考察，也可以看出这些问题。比如，在对浙江的畲族家谱进行考察后，可以了解到如今居住在浙江的畲族同胞都是明初以后方才迁移来的，明初以前浙江无畲族。此外，如果我们相对集中地对河北、河南、山东、安徽等省家谱中的移民资料进行研究就会发现，山西省洪洞县在明朝初年的大规模移民中的重要性。元朝末年，群雄并起，从以韩山童、刘福通为首的白莲教徒在颍州起义至明初大将徐达、常遇春北伐，收复中原，将元顺帝逐出漠北，一共有十多年时间，战乱导致中原、华北、华东北部一带十室九空、万户萧疏，人口急剧下降。而在民间传说中，却将河南一带赤地千里无人烟的责任怪在朱元璋大将胡大海头上。传说胡大海身材魁梧，面相丑陋，年轻时曾在河南林县一带行乞，当地人看见一个壮汉不去干活谋生，却讨吃要饭，大多不给，更有甚者还加以辱骂。胡大海难以忍受，暗暗发誓，日后得意了一定要雪此奇耻大辱。后来胡大海投奔朱元璋，作战英勇，积功做了大将军。朱元璋即帝位后，封赏众将士，胡大海什么都不要，只求允许他去河南报仇，朱元璋思虑再三，只同意他在河南报一箭之地的仇。于是，胡大海带上家丁、士兵来到河南，恰逢天上一行大雁飞来，胡大海一箭射中最后一只大雁的尾部，大雁带箭而飞，胡大海就大开杀戒，那只受伤的大雁一直飞过河南，飞到山东，胡大海也就将河南、山东一带烧杀一空，他自己也在混战中死去。为了国家的稳定和租赋，朱元璋无奈之下，只好从外地移民进来。

元朝末年，中原残破，而山西，尤其是晋南一带，由于是元将扩廓贴木儿（汉名王保保）镇守，此人足智多谋，骁勇善战，加上山西的地形特点，保住了山西没遭兵灾，再加上那些年山西风调雨顺，自然人丁兴旺，周边的百姓也纷纷跑向那里。朱元璋建立明朝政权后，为了政权的长治久安和发展生产，当然要向地广人稀的中原各地移民。

明初的大规模由山西向外部移民大约开始于洪武三年（1370）至永乐十五年（1417），共经历了40多年时间。移民所到的地区主要是河南、北京、天津、河北、山东、安徽、江苏、湖北、湖南、陕西、甘肃、内蒙古、宁夏等地，后来又有转迁至东北、云南、四川、贵州、新疆等地区的。移居者都要到洪洞县北二里的广济寺办理手续，领取"凭照川资"，由于故土难离，虽然外迁有许多优惠政策，如几年不纳粮之类，大家也不愿走。于是，就又有了这样的传说，说是大家都不愿迁移，官府就张贴告示，限定某日之内，愿迁者到广济寺大槐树下报到，不愿迁者，也须到大槐树下等候裁定。到了那日，成千上万的民众聚于大槐树下，这时，官府则调集大批官兵，将来到之人，不论男女老幼，一律捆起迁走，众人一步一回首，看着逐渐远去的广济寺里的大槐树和大槐树上的老鸹（guā）窝，心中无比留念，大槐树和老鸹窝也就成了泣别家乡的标志，代代相传，也就有了许多诸如"问我祖先来何处，山西洪洞大槐树""问我老家在哪坡，洪洞县里老鸹窝"之类歌谣。这些移民们也就把洪洞县大槐树老鸹窝作为老家，写进家谱。辛亥革命时期，山西巡抚陆钟琦被杀，袁世凯派新巡抚张锡銮率卢永祥部进攻山西革命军，卢军一路烧杀抢掠，进入洪洞后，仍有"半天不点名"的命令，鼓励部下抢掠。可是军中士兵大多为山东、河南人，来到大槐树下，纷纷跪拜，认为是回到老家了，不仅没抢，还将在别县抢得之物供于大槐树下。从此大槐树名气更大，时人建立牌坊，牌坊上大书"荫庇群生"，就是纪念此事。建国后，政府多次拨专款，增建建筑，辟为公园，如今的每年 4 月 1 日至 10 日，洪洞县都要举办"寻根祭祖节"，来此参加祭典和观光的海内外华人多达十几万。

由于强迫移民中的大多数人是被反绑着，路远时间长，渐渐形成习惯，至今人们仍有将具有背着手走路特征的人称为洪洞县人后裔的说法。捆着走路，大小便时便要报告，请求解开，次数多了，解手也就成了大小便的代名词，至今仍在使用。

第五，是联系团结海外华人，增强中华民族凝聚力的重要因素。自 20 世纪 60 年代以来，世界范围内掀起了"寻根"热潮。70 年代中后期，美籍黑人亚力克斯·哈利通过实地寻访和查阅家谱档案，创作了世界名著《根》，进一步掀起了世界性的"寻根热"。中华民族自古就有尊祖敬宗、追本溯源的文化传统。目前，据统计，在海外的炎黄子孙已超过 5500 万，分布在五大洲一百多个国家和地区，尽管有相当部分已加入所在国的国籍，但民族与文化认同并没有改变。在世界近万个华人社团中，以宗亲会、同乡会为代表的亲缘性社团占了很大比例，并且在发挥着积极作用。近年来，在海外华人和港、澳、台同胞中，回大陆寻根的浪潮日益高涨，他们的祖先，当年因为各种原因背井离乡，在异国他乡定居下来，娶妻生子，繁衍后代。可他们的根还在祖国大陆，他们想了解祖先的情况，一有机会他们就返乡认宗。1988 年，当时的菲律宾总统科拉松·阿基诺夫人在访华期间，就曾专程去其曾祖父许玉的故乡福建省龙海县鸿渐村认祖。新加坡资政李光耀先生的祖籍在福建上杭丰郎村，据《古野唐溪李氏族谱》记载，他是李氏入闽始祖李火德的第 28 代裔孙。此外，每年举行的祭祀黄帝、炎帝陵仪式，也都有相当多的海外华人参加。海外各地的同姓宗亲会也常常联合起来，回国祭祀共同的祖先。这一切都大大加强了中华民族的凝聚力，为中华民族的强大和伟大复兴奠定了坚实的基础。而这其中，家谱的作用功不可没。在现代的侨乡家谱中，都普遍记录了不同时代出洋人的姓名、辈分、生卒年月日、婚配、子女、出洋时间与原因、侨居地点、从事职业、卒葬地点与原因、在海外的际遇与建树、同故乡故国的联系与贡献等内容。有些还辟有专章、专传介绍，这就为他们的后裔寻根问祖提供了可靠的根据，也就更增加了他们对故国故乡的依恋之情。

第六，是促进两岸和平统一，反对"台独"的有力工具。台湾自古以来就是中国领土，台湾人民是中华民族的一部分，也早已是不争的事实。据当代科学工作者研究证明，即使台湾的原住民——高山族同胞，也与大陆东南沿海居民有着同源关系，也就是说，高山族是上海地区古代百越族的后裔。这个结论是通过现代科学手段，即 DNA 技术获得的，因为百越民族所独有的 M119C，在台湾高山族的布衣族中存在的比例高达 80%，而在阿美族中则达到 100%。高山族之外的台湾早期移民，也大多是从大陆的陕西、广东、福建去的，尤其以福建为最多。有人对福建省的家谱资料进行研究，了解到福建移居台湾的最早记载是两宋之交的苏姓。古代大陆移民台湾共经历了三次高潮：第一次是明末天启年间，泉州、漳州一带贫民迁居台湾达 3000 多人，崇祯年间又有数万人，这是一次有组织的移民。第二次是郑成功收复台湾后，跟随郑成功而去的。第三次是康熙年间清政府统一了台湾郑氏政权，开放海禁，移民人数多达几十万。从有关家谱中我们可以了解到移民的人数、成分、原因，他们的婚姻状况、分布特点及与大陆的关系等。以陈水扁为首的"台独"势力不断否定台湾与大陆的这种关系，反对一个中国，声称自己是台湾人，而非中国人。可事实绝非如此，就是陈水扁自己，其祖先元隆公明朝末年由江西迁到福建省漳州市诏安县霞葛镇，其墓至今仍在，元隆公的一个儿子来到太平镇白叶村定居。18 世纪中叶，陈水扁的九世祖陈乌漂洋过海去台湾。这些内容都在台湾陈氏祖先牌位中被记录着，也和南诏陈氏宗人保存的《陈氏族谱》的记载相吻合。"台独"老手李登辉，他的祖籍，据其父李金龙说，与李光耀一样，同为福建上杭丰郎村，也是李火德的裔孙。清乾隆末年，李登辉的六世祖李崇文迁台谋生，繁衍后世。近年来，随着海峡两岸交往的增多，大批台湾同胞回大陆探亲寻根，已成为一股不可逆转的潮流，在台湾的国民党已先后有多名副主席回大陆访问和寻亲祭祖。此外，像章孝严这些国民党名流也有许多来大陆省亲、祭祖。海峡两岸要统一，利用家谱资料联络亲情是一个非常重要的措施。

此外，家谱资料还为地方史、家庭结构与功能、社会结构、妇女地位、优生学、民俗学、经济史、科技史、宗教史、中外关系史等领域的研究提供了大量的可信资料，具有极为重要的价值。实际上，家谱的价值，古人早已给予了很高的重视，南北朝时期裴松之注《三国志》、刘孝标注《世说新语》、魏收著《魏书》、宋代欧阳修撰《新唐书》就曾大量地使用了家谱资料。宋人郑樵、清人章学诚、近人易熙吾等也都对家谱的价值做过介绍和评价，当今学术界对于家谱的价值也早已有了共识。

然而，由于家谱是私人纂修，有些记述往往华而不实，言过其实，尤其在先人功名、宦迹、婚姻等方面，有些内容甚至妄相假托、有意捏造，这部分内容我们在使用中要注意鉴别，不可盲从。但是，家谱中的主要部分，如五世内的世系、宗规、家训、祠堂、人口、艺文等方面的内容，一般还是可信的。此外，我们在使用家谱资料时还须注意家谱的几修，所用资料是照录原件还是新近加写的，对于不同时代的资料要区别使用，这也有助于提高资料本身的价值。总而言之，家谱具有很高的资料价值，同时也存在一些不实的内容。因此，我们在使用家谱时，一定要注意区别对待，去伪存真。

八、流传与收藏

唐朝以前的家谱，由于政治作用较强，修成之后大多要交送一份由政府收藏，这从殷墟出土的商代甲骨文中的家谱资料就可看出。秦汉两代，皇室家谱均由专门机构——宗正管理，民间修谱也应呈送政府有关机构。魏晋南北朝是我国最重谱牒的时代，无论是选官，还是婚姻，首先要查验的就是谱牒，政府设置了专门机构"谱局"，编修和管理各种谱牒。民间自修，同样要上呈官府，收藏在尚书省的户曹，或专门的"籍库""谱库"中，作为日后选官的依据。南北朝以后的公私目录中，一般也都设有专类，著录各种家谱文献。到了唐代，政府集中管理和编修谱牒，仍然是家谱收藏的一种主要方式。

政府集中收藏和保存谱牒，既便于管理和使用，也便于保存，使得谱牒的修撰趋于标准、统一。然而，政府藏书如遇到兵燹（xiǎn）、战争，照样难逃厄运。西汉末年的绿林、赤眉起义，东汉末年的黄巾起义和"董卓之乱"，西晋的"八王之乱"，北魏的尔朱荣"河阴之变"，萧梁的"侯景之乱"，隋末农民起义，唐代"安史之乱"和唐末农民起义，都曾将政府的藏书和档案（包括政府所藏的各类谱牒）付之一炬。不同的是，唐代以前的历次战乱过后，由于谱牒在政治中的地位和作用，政府可以通过各种方式，使之很快得到恢复。而唐朝末年黄巢起义过后，晚唐苟延残喘一段时间，五代十国纷起并立，乱世之中，家世谱牒已没有意义，选官、联姻全靠实力作后盾，政府再进行管理和修撰谱牒既已没有任何意义，其收藏的谱牒也就没有必要恢复了。这也是唐代以前的谱牒现已基本失传的原因之一。

唐朝还有一种情况，即由僧侣掌管州县乡里的谱牒。如敦煌遗书中就保留了很多这方面的实物资料，很多残牒上都注有"释惠云等牒""释奢惠云绍宗等牒"字样。江南某些地区，一直到近代仍存在这种现象：各家族在续修家谱时，必先到有关寺庙查考先人世系和族人生卒日期；周围居民添丁进口，也要去有关寺庙报知生辰八字和姓名；若有死者，寺僧自动来发给牒文，略述死者生卒年月日时和简单事迹，然后再行殡殓，牒文底稿则抄在寺庙中的"尊主簿"永久保存；若有外地人死于当地，则仅将死者姓名与死亡时间记录于寺庙中的"录鬼簿"中。遗憾的是，寺庙藏谱从不刊刻流传，一旦遇到不测，则荡然无存。如长兴县吉祥寺曾藏有唐至清的有关家谱，十分完整，可在抗日战争时因火灾烧得片纸不留。经过近百年的战火与动乱，现在已很难有哪个寺庙还能保存较完整的家谱资料了。

宋代以后，选官不再看家世，婚姻也很少讲究门阀，因而，政府已无兴趣，也无必要继续收藏和编修各类家谱了。从此之后，政府除了设置专门机构编修皇帝家谱即玉牒之外，其余所有各类家谱，均由民间自行编修，自己保存与收藏。修成的家谱一般保存在祠堂和私人手中。也有的家族分支修成支谱后，要交送一部给本家族的总部保存，如山东曲阜孔府之中，就收藏有全国各地孔姓人所修的家谱300多部。

明代以后，家谱被认为寄托有祖宗的灵魂，因而，严格禁止外传。其实，这不过是一种托词，其真实的理由可能是担心流传出去后，会给别有用心的人造成"冒宗"的机会，或者是因为修撰时的牵强附会、自吹自擂，给外人提供谈笑之资。总而言之，家谱绝对不准外传，子孙世袭珍藏，奉为传家之宝，至亲好友也不能得见。因而，除非子孙不肖或者其他极为特殊的原因，家谱很少会流落到外面。擅自借给外人、私自涂改、私自抄录或私自出卖的，都会被视为大逆不道，要受很严厉的惩罚。为了保证这个措施得到贯彻执行，很多家族采取了编号发放的办法，即家谱修成之后，抄写或印成一定数目，编上号码，登记后分发族人珍藏。也有的如孔府那样，在正式谱书上加盖好几个印章，以防止偷印，并约定每隔一段时间或新修家谱时，须将各自保存的家谱带到祠堂查验，无误者发回。如有违犯者，轻则追回家谱，重则还要开除出族，永远不准入祠和入谱。在封建社会中，这是很严重的惩罚。一个人如果被开除出族，那将生不能入祠入谱，死不能埋葬在祖茔，这对一个人精神上的打击是极为沉重的。

由于这些原因，家谱的收集极不容易。明清时代藏书家很多，但基本没有能以收藏家谱为其藏书特色的。这种情况直到民国年间方才有所改变，一些有识之士鉴于私人收藏不如公家收藏更能长久保存，以及为了促进修谱水平的提高，便将一些新修成的家谱刻印后分送有关图书馆和研究机构，国内一些图书馆开始注意收集各类家谱。国外一些机构也非常注意收集各种中国资料，其中自然包括家谱，尤以日本、美国最为积极，日本在侵华战争中掠夺了一大批中国文献，美国则利用在中国开办的学校和文化团体四处收买。除了我国所藏之外，美国、日本所藏的中国家谱都在数千种以上。

据不完全统计，流传至今的古代家谱，最早的即是甲骨片"库1506"等三片，商周有一些带有原始家谱性质的青铜彝器，汉代也只留下些带有家谱性质的石刻碑文，敦煌遗书中还保留一些唐代家谱的残页。其余绝大部分是纸质的印刷或手写家谱，也有一小部分是后人拍摄的缩微胶卷，在少数民族地区还有一些其他质地的家谱文献，本处就不再赘述。

　　对于中国当代家谱的收藏状况，目前尚无权威资料介绍，不过如果我们综合一下当今人们的研究成果，还是可以推导出大致情况的。中国当代的家谱收藏，大致分为公藏和私藏两部分，公藏占有主导部分，私藏也不容小视，尤其是新修家谱的收藏，私藏肯定超过公藏。公藏之中自然以各级、各类型图书馆为大宗，尤其是省级公共图书馆是收藏的主要力量。此外，在各地的文化馆、文管会、博物馆、纪念馆、档案馆、档案室、文物商店、修志会、公安局，以及临时机构清退办中，也都有多少不等的收藏。

　　在图书馆之中，上海图书馆的收藏遥遥领先于其他图书馆，共收藏 1949 年前家谱原件 11 700 余种，近 10 万册，地域覆盖 20 个省区，以浙江、安徽居多，姓氏涉及 328 个，约有 200 余种明代刊本，其中不乏名谱和近、现代名人家谱。其次是中国国家图书馆，收藏 3000 多种，其中宋、金与元代之前的蒙古时期各 1 种，元代 2 种，明代 325 种，清代 1528 种，其余为民国和当代所修。另一个收藏 3000 多种以上的单位是山西社会科学院家谱资料研究中心，但是以缩微胶卷为主。收藏在千种以上和左右的大约有湖南省图书馆、南京图书馆、中国社会科学院历史研究所图书馆等，收藏百种以上的有安徽省图书馆、天一阁藏书楼、吉林大学图书馆、河北大学图书馆、中国人民大学图书馆、福建省图书馆、南开大学图书馆、中央民族大学图书馆、福建师范大学图书馆、黄山市博物馆等，百种以内的如天津图书馆等，更是不可数计。有关国内各收藏单位的具体收藏数目，只有等目前正在编辑中的《中国家谱总目》编成后，才能有一个较准确和较权威的记录。

　　台湾地区原来收藏的家谱数量较少，但近几十年来，台湾掀起了新修家谱的热潮，据 1987 年出版的《台湾区族谱目录》记载，共有 106 000 多种，绝大部分为近年新作，质量参差不齐。以前台湾收藏家谱最多的是《联合报》文化基金会下辖的国学文献馆，该馆成立于 1981 年，宗旨是致力于收集流传在海外的中国珍贵书籍，供学术界和社会各界阅读、利用，家谱是主要收集对象之一。他们除向美国犹他家谱学会复制缩微胶卷之外，还从日本、英国以及中国香港等地购置了很多家谱，有关中国家谱资料的收藏约有 6000 余种。1996 年 3 月，《联合报》国学文献馆将馆藏家谱全部捐献给台湾故宫博物院图书文献馆，加上原先馆藏，如今是台湾故宫博物院图书文献馆收藏最多，达一万余种，其中包括部分韩国和琉球家谱。台湾地区中国家谱收藏达到一定规模的还有台湾中央图书馆，有 200 余种；台湾中研院民族学研究所图书馆，收藏各类家谱缩微胶卷和原件约数千种；台湾中研院历史语言研究所亦收藏有相当数量的家谱胶卷；台湾国史馆、台湾省文献会、台北市文献会、台湾省各姓渊源研究学会，私人的如万万斋藏书楼等，也都有不同数量的家谱收藏。此外，台北的中国文化大学和摩门教家谱中心也收藏有部分家谱的缩微胶卷，对外供人查阅。

　　香港地区则以香港大学图书馆最多，共收藏历代家谱原件和家谱缩微胶卷 700 余种，其他公私收藏均不太多。

　　日本在第二次世界大战前就十分注意收集有关中国的文献资料，家谱是其注意的目标之一。据日本学者多贺秋五郎所著《宗族之研究》和其他目录著录，日本藏中国家谱以东洋文库为最多，共 800 多种，还有大量的家谱胶卷；其次为国会图书馆，400多种；东京大学东洋文化研究所和东洋学文献中心共收藏中国各类家谱400余种。此外还有一些单位仅藏数部数十部，总计约1500多部。

美国收藏的中国家谱也达到相当数量，据了解，哥伦比亚大学东亚图书馆收藏中国家谱2000多种，哈佛燕京图书馆收藏200多种，美国国会图书馆收藏500多种，此外加州大学、芝加哥大学也分别藏有数十种或百余种不等。在美国，收藏中国家谱最为著名的机构是犹他家谱学会（GSU）。犹他家谱学会总部设在犹他州盐湖城东北庙街，1894年由耶稣基督后期圣徒教会创立，是一个民间的非营利性组织，旨在为家谱学的研究收集、组织和保存有价值的历史记录。起初，他们仅收集手稿和书籍，自1936年后，开始以缩微技术复制各国、各民族的家谱，中国的家谱当然也在收集之列。1974年起在台湾地区收集台湾的家谱资料达3000多种。犹他家谱学会图书馆共收藏有关中国资料达10 000余卷，另外缩微复制了保存在美国、日本、中国台湾和香港地区以及私人收藏的中国资料10万余册，其中有关中国的家谱就有17 000多种，范围包括中国各省市，其中以江苏、浙江、安徽、广东数省居多，篇幅大小不一，少的不足20页，最大的是1937年出版的孔德成主编的《孔子世家谱》，四集154册。所藏家谱全部拍成缩微胶卷，一套置于距学会所在地20公里处的花岗石山地下资料库中永久保存，一套置于图书馆供公众使用。使用该会图书、设备均不收费。同时，犹他家谱学会还同40多个国家和地区的1000多个图书馆建立了资料交换关系。

九、记录与整理

家谱数量发展到一定规模之后，为了便于时人和后人的了解、掌握与使用，家谱的收藏者就需要对所收家谱进行加工、整理，将家谱的各种外在特征和内容特点记录下来，编成目录，以便利流通和供自己与他人使用。

在中国封建时代，家谱的记录和整理并没有形成独立的家谱目录，而仅仅是作为历史图书的一类，在历代各种综合性目录的历史类和专门的史部目录中得到著录和体现。所不同的是，由于不同时代家谱本身数量的多寡、家谱在当时学术界和社会上地位的高下以及目录编制者对家谱重要性的认识不同，家谱在各个时代、各类目录中所处的位置也不完全一致，有的能单独列类，有的则附于别的类目之后。

在现存最早的以我国第一部综合性目录《七略》为基础编成的史志目录《汉书·艺文志》中，历史类图书由于数量较少，尚不能单独列类，只能附于收录儒家经典著作的《六艺略》中的"春秋家"之下，"春秋家"中谱牒也仅收录了"《世本》十五篇"这一种，另外在《数术略》中"历谱家"下，又载有《帝王诸侯世谱》20卷、《古来帝王年谱》五卷。魏晋南北朝时期，谱学大兴，日渐成为显学。与此相适应的是，目录的分类也发生了相应变化，随着史书大增和史学地位的提高，将史书单独列为一大部类的四部分类法开始出现。遗憾的是，这段时期编制的十几部四部分类的国家目录均已亡佚，无从知道在史部大类之下有无谱牒专类的设置。已知古代目录中第一个设置谱牒专类，并将所有家谱类文献集中在一起的，是南朝萧梁时阮孝绪所编的《七录》，《七录》中"纪传录"下第11个小类"谱状部"，收录家谱著作42种，1000余卷。自此之后，各类综合性目录中一般都有谱牒专类设置，这一点在存在于历代正史和国史之内的经籍志、艺文志等史志目录中表现得尤为明显。

唐初编制的我国第二部史志目录《隋书·经籍志》的史部之下，设有"谱系"类，收录谱书41部，360卷，但最后三部"《竹谱》一卷、《钱谱》一卷、《钱图》一卷"不属谱牒类图书，实际为38部，357卷，加上此时书虽亡佚而谱名尚存的共为50部，1277卷。在其他四部拥有经籍志和艺文志的正史中，《旧唐书·经籍志》的"谱牒"类收录55部，1691卷；《新唐书·艺文志》"谱牒"类收录17家、39部，1617卷，根据本志注释，尚有22家，333卷未著录；《宋史·艺文志》"谱牒"类著录110部，437卷；《明史·艺文志》"谱牒"类收录38部，504卷。此外，在宋、明两代的官私目录中，如宋人王尧臣《崇文总目》、尤袤《遂初堂书目》、郑樵《通志·艺文略》与《通志·图谱略》，明代焦竑《国史经籍志》、朱睦㮮《万卷堂书目》、高儒《百川书志》、祁承㸁《澹生堂书目》、陈第《世善堂书目》等，也都在史部之下设有"氏族""姓氏""谱系""世系""谱传""姓谱"等专类。《通志·艺文略》"谱系"类中还被细分为"帝系、皇族、总谱、韵谱、郡谱、家谱"6个子目，而在《通志·图谱略》"世系"目下，也被细分为"帝系之谱、皇帝之谱、戚里之谱、百官族姓之谱"等子目，十分详尽。到了清代修《四库全书》时，纂修者则以"自唐之后，谱家殆绝，玉牒既不颁于外，家乘亦不上于官，徒存虚目，故从删焉"为由，将谱牒这个类目从《四库全书总目》中删除了。民国初编制的《清史稿·艺文志》仿照其例，不设谱牒专类，而将此类附于"史部·传记"类之下，可实际上又并未著录家谱图书。值得庆幸的是，四库馆臣们的这个看法并不代表着整个社会对家谱价值的认识。在清朝编制的各种私家目录、专科目录，如黄虞稷《千顷堂书目》，钱曾《述古堂书目》《读书敏求记》《也是园书目》，徐乾学《传是楼书目》，王闻远《孝慈堂书目》，姚际恒《好古堂书目》，汪宪《振绮堂书目》，张之洞《书目答问》和章学诚《史籍考》等中，也都专门设有"谱牒""谱系"等类目。尤其值得一提的是，徐乾学在《传是楼书目》中还将谱牒分成"谱系""家谱"两类，并列于史部之下；钱曾《也是园书目》卷三、卷四则分设"谱牒""姓氏""玉牒"等类目；而章学诚的《史籍考》则更进一步将"谱牒部"细分成"专家""总类""年谱""别谱"四类，足见他们对家谱类著作价值的认识。从这些类目的不同类名来看，一方面，反映了古人对谱牒重要性认识的增强，努力在自己的目录中将自己对谱牒的认识表达出来；另一方面，也反映了人们对谱牒认识的不一致。

早在清朝后期，就已出现了谱牒书的专门目录。甘肃人张澍曾编有《姓氏书总目》，收录各类与姓氏有关的古人著作 267 种，大致包括帝王、皇帝、宗族系谱，百官谱，地方姓氏姓谱，朝代姓氏姓谱，少数民族姓谱等，其中显族大姓谱系居多，也包括一些与谱牒有关的工具书，每部书都有简单提要或作者按语，内容包括出处、作者概况、著作缘起、内容梗概等方面。

近几十年来，随着人们对家谱类著作价值认识的日渐深入，对家谱著作的记录与整理工作逐步走上正轨，达到一个新的阶段，其主要特征是海内外较多地出现了专门性的家谱目录。在已出现的专门的家谱目录中，可以区分为反映一处收藏的馆藏家谱目录和反映收藏处所的联合家谱目录。此外，还有撰有提要的馆藏家谱提要目录。这些不同类型的目录形式，对于人们进一步了解、把握和利用家谱资源发挥了积极的作用。

祖国大陆之外较著名的家谱目录有 1978 年香港大学冯平山图书馆所编《族谱目录》，收录馆藏家谱原件 374 种、缩微胶卷 92 种。1987 年，台湾《联合报》文化基金会国学文献馆出版了盛清沂所编的《国学文献馆现藏中国族谱资料目录（初辑）》，收录馆藏以缩微胶卷为主的家谱文献 1900 多种。同年，台湾各姓历史渊源发展研究会发行了赵振绩、陈美桂合编的《台湾区族谱目录》，收录台湾地区公私所藏各类家谱 10 600 余部，成为一时之冠。20 世纪 80 年代初，日本学术振兴会出版了日本学者多贺秋五郎的《宗谱之研究》，在其著作的下册记录了日本收藏的中国家谱 1491 部，美国收藏的 1406 部，中国（含港台）收藏的 9800 部，共计 12 697 部，不足的是这其中包括了相当数量的重复收藏，实际数目远没有这么多。1983 年，台湾成文出版社出版了美国人编的《美国家谱学会中国族谱目录》，这是一部馆藏目录，共收录美国犹他家谱学会收藏的中国家谱 2811 部，另有补遗 298 部，合计 3109 部。在这之中，只有《台湾区族谱目录》和日本《宗谱之研究》是联合目录，其余都是馆藏目录。

祖国大陆的家谱目录在相当时间内大多存在于未公开出版的各图书馆所编的馆藏善本或古籍目录之中，单独列出的如福建省图书馆、河北大学图书馆、中国人民大学图书馆等，并不很多。20 世纪 80 年代后，情况发生了变化，我国收藏家谱较多、质量较高的中国国家图书馆从 20 世纪 80 年代中期开始对馆藏家谱进行了清理与编目工作，并在此基础上组织人力为馆藏 3000 余种家谱逐一撰写提要，目前已基本完成。随着《中国国家图书馆馆藏家谱提要》的完成，中国国家图书馆为读者提供馆藏家谱的检索服务将上一个新的台阶。

祖国大陆公开出版的家谱目录大致有如下三部：

首先是 1992 年山西人民出版社出版的反映山西省社会科学院家谱资料研究中心收藏中国家谱胶卷状况的《中国家谱目录》，共收录家谱缩微胶卷 176 盘，2565 种。

1983 年，南开大学历史系组织力量对北京地区公共图书馆和高校图书馆收藏家谱状况进行了初步调查。1984 年，在此调查基础上，国家档案局、南开大学历史系、中国社会科学院历史研究所图书馆决定扩大调查范围，联合编制一部能够反映海内外中国家谱收藏状况的大型工具书《中国家谱综合目录》。经过多年努力，此目录已编制完成，1997 年由中华书局出版。这部大型家谱目录一共收录内地 400 多家图书馆、文化馆、文管会、博物馆、纪念馆、档案馆、文物商店等单位和海外公、私收藏的内地与港、澳、台地区 1949 年以前编制的家谱资料 14 761 种。全目正文按谱主姓氏集中，以笔画为序编排，同一姓氏的家谱，则按各家族居住地排列，正文著录依次为：顺序号、谱名、卷数、纂修人、纂修时间、出版时间、版本、册数、藏书单位等，书后附有"地区索引"和"报送目录单位名单"两个附录，极便于读者使用。虽然此目录没有、也不可能收录穷尽现存的所有家谱，但仍是当今我国规模最大，也是最权威、最便利的一部家谱联合目录。

2000 年 5 月，上海古籍出版社出版了国内收藏家谱原件最多的上海图书馆所编的《上海图书馆馆藏家谱提要》。该目录是一部解题目录，共收录馆藏以线装为主，兼及部分其他装订形式的旧修家谱11 700 余种。全是按谱主的姓氏笔画多少为序，每部家谱依次著录谱名、卷数、纂修者、版本、册数等，对于谱名不确者，则注明本谱名因何而得，解题内容包括始祖、始迁祖、迁徙路线、谱内各卷内容及其他有价值的资料等，最后著录本谱在馆内的入藏信息，书后附有朝鲜谱和日本谱，正文之后附录有分省地名索引、堂号索引、人名索引、常见古今地名对照表，以备检索之资。该目录是一部非常丰富也非常具有特色的馆藏家谱解题目录，既展示了馆藏，又便利读者使用。同时，作为一种示范，还能起到推动全国各公藏单位普遍开展整理馆藏家谱、编制目录工作的积极作用。

家谱由于其数量巨大和收藏分散，给人们了解、掌握和使用带来了极大的不便。尤其在收藏方面，家谱的分散程度远远超过其他类型的文献。除私人收藏本家族家谱之外，公藏之中作为收藏主体的各类中等以上规模的图书馆，也只有上海图书馆收藏逾万，收藏过千者寥寥可数，大部分是几百种甚至几十种，其余有相当数量分藏在各地的文化馆、文管会、博物馆、纪念馆、档案馆、方志办、修志会、文物商店、公安局、清退办之中，由此足可看出家谱收藏的分散程度。收藏于图书馆之中的家谱除上海图书馆正式整理完毕，编制解题目录《上海图书馆馆藏家谱提要》正式出版之外，大部分未能得到完全清理，或如中国国家图书馆等那样，正在整理、编目之中。至于分藏在图书馆之外的公、私所藏家谱，则根本不见著录。祖国大陆公开出版的家谱目录，也只有上述提到的山西人民出版社的《中国家谱目录》、中华书局的《中国家谱综合目录》和上海古籍出版社的《上海图书馆馆藏家谱提要》三种，其余所能见到的大多是未公开出版的，或夹杂在各馆馆藏古籍目录之中的。要想从整体上全面了解和把握海内外家谱现存与收藏情况，仅凭这几部目录是远远不够的。由于山西与上海的目录是馆藏目录，而《中国家谱综合目录》是在十多年前大多数图书馆尚未对馆藏家谱进行整理的基础上编成的不全面的联合目录。因此，要满足这种需要，只能依赖新的联合目录的产生。

联合目录，由于能够反映文献的收藏处所，因此，很适合于记录与揭示某种价值相对较高，内容较为独特而收藏又较分散，诸如地方志和家谱这类文献之用。联合目录的这个特点与优势，也为众多有识之士所认同与接受，这大概就是 20 世纪 80 年代以来海外正式出版的家谱目录中联合目录与馆藏目录相差无几的原因之所在。

联合目录在家谱目录中的地位与重要性，已成为海内外专家的共识，《中国家谱综合目录》与《上海图书馆馆藏家谱提要》的编成与出版，也为新编中国家谱联合目录奠定了基础。有鉴于此，2000 年 6 月 7 日至 9 日，在由中国国家图书馆主办的"中文文献资源共建共享合作会议"上，通过了上海图书馆申报的《中国家谱总目》的立项。同年 11 月 27—28 日，在上海图书馆召开了有国内外 25 家家谱收藏单位 32 位代表参加的《中国家谱总目》第一次编纂会议，讨论、落实《中国家谱总目》的具体编纂工作，组成了编委会，由各编委单位分别负责各自所在地区所藏家谱的编目与初审工作，制定了编纂方案、著录规则和时间进度表。一个全新的、囊括海内外公私收藏的家谱联合目录的编纂工程拉开了帷幕。

在学术界，编制联合目录已有了一些较为成功的经验，其中最突出、最有代表性的首推《中国地方志联合目录》。《中国地方志联合目录》的前身是《中国地方志综录》，由朱士嘉先生独立完成，20世纪30年代出版，50年代末修订重版。1975年，北京天文台为了收集、整理中国古代天文资料，编辑《中国古代天象记录总集》和《中国天文史料汇编》，以《中国地方志综录》为引导，对全国地方志进行了一次比较彻底的爬梳，并在此基础上，顺便将《中国地方志综录》增补、校订一遍，形成一部反映国内各图书馆收藏方志的最为完整的联合目录——《中国地方志联合目录》。从这个事例我们可以看出，如果没有《中国地方志综录》，则肯定不会有《中国地方志联合目录》，而在《中国地方志综录》基础上编成的《中国地方志联合目录》，又远比《中国地方志综录》完整而准确，两者的关系是一种学术上的传承关系，否定哪一个都是不合适的。《中国地方志综录》对全国地方志的收藏作了相当程度的清理，同时对全国地方志的收藏状况也作了比较全面的展示，客观上起到了向学术界和社会其他各界宣传地方志价值的作用，提高了学术界和社会各界，包括图书馆界对地方志类文献的重视程度，对于这一点，是不能忽视的。《中国地方志联合目录》则已全部实现了《中国地方志综录》当年的构想，完整地展示了全国地方志的收藏状况，为地方志的全方位开发、利用提供了检索前提。

《中国地方志综录》与《中国地方志联合目录》的成功经验也可全部引入家谱联合目录的编制之中。但家谱类图书的复杂程度远远超过方志类图书，如家谱的海外收藏、私人收藏不容忽视，公藏之中收藏者又远非图书馆一家，而《中国地方志联合目录》则只收祖国大陆图书馆的收藏，要简单得多。不过，编纂新的家谱联合目录的条件已远远超过当年方志联合目录的编制，这不仅表现在海内外对编制新的家谱联合目录的重要性有了共识，并有了一定的整理和编目基础，同时，国家的重视和支持也是当时方志界所不具备的。更重要的是，已经编成与出版的《中国家谱综合目录》与《上海图书馆馆藏家谱提要》，为新的家谱联合目录的编制奠定了坚实的基础。《中国家谱综合目录》相当于《中国地方志综录》，它的编成意味着家谱收藏部门、有关学术机构与国家行政管理部门对家谱价值的认可与系统整理意识的觉醒，反映了我国家谱收藏、整理工作的阶段性成果，对于各图书馆整理和编制馆藏家谱目录将起到积极的推动作用。而《上海图书馆馆藏家谱提要》的编成、出版，不仅为各收藏馆整理馆藏带了个好头，作了示范，更重要的是，由于上海图书馆家谱收藏海内外第一，所编成的又是解题目录，在多年的整理、编目过程中，锻炼了队伍，积累了经验，形成了一整套完整的工作规范，可以说，为新的家谱联合目录的编纂作了大量基础性和探索性的工作，这些工作对于新的家谱联合目录的顺利编成至关重要。甚至可以说，《上海图书馆馆藏家谱提要》的编成与出版，意味着新的家谱联合目录《中国家谱总目》成功了一半。

在家谱的整理方面，人们除了编制各种专门目录之外，还有选择地重印了一些价值较高、篇幅较完整的家谱资料，以供社会各界使用。早在 20 世纪 80 年代初，台湾新远东出版社就出版了几十种新、旧家谱，其他的一些出版社也有类似之举。1995 年，山西省社会科学院家谱资料研究中心和中国谱牒学会，在经过十多年的收集、整理旧家谱的基础上，决定与国内多家单位联合编纂《中国族谱集成》，此套书由巴蜀书社分三批影印出版。1995 年底出版的第一批 100 册，主要选择了张、王、李、刘、陈诸大姓及从属小姓中完整而有价值，并具有一定代表性和版本价值的家谱，施以必要的加工，在各姓氏谱前均缀有小序加以介绍和说明，以便于读者利用。

此外，浙江省地方志学会乡村社会研究中心在整理旧方志、指导编写新方志的同时，也十分重视旧家谱的收集、整理工作。他们已将浙江省现存的大约 5000 多种旧家谱基本进行了计算机信息处理，建成浙江收藏旧家谱信息数据库，读者可以方便地从中迅速检索到有关浙江现存旧家谱的谱名、卷数、几修、修谱人、修谱时间、出版者、出版时间、版本、收藏者、收藏地点等信息。在此基础上，他们又精选出一部分价值较高、篇幅较完整的旧家谱，编成《浙江家谱（旧）集成》，以誊印形式出版发行。目前已比勘、誊印完成了《义门郑氏宗谱》和《吴氏宗谱》各一种，以提供社会使用。

十、纂修

因为家谱能够证明一个人的身份，在社会政治、经济、文化以及人际交往中具有重要作用，所以，历代都比较重视家谱的编修。唐代以前，家谱的政治作用比较明显，选官、婚姻、人际交往都离不开它，因此，整体上以标榜门第为特征，为了保证家谱的权威性，家谱往往由政府纂修，由政府设置专门的机构——谱局保存，以备必要时查验。宋代以后，家谱的政治作用削弱，但记录家族历史，纯洁家族血统，团结、约束家族成员，教育家族后人，增进家族荣誉感、向心力和归属感，以及提高本家族在社会生活中的声望、地位的作用增强，除了皇帝的家谱——玉牒为政府所修、政府收藏之外，其他家谱均由私人修纂，政府不再干预，也不负责收藏保管，直至清代，政府才对家谱中的行文和格式做出一些规定。在清代，满族人家谱尚具有一些政治作用，旗人袭爵、做官都需要出示得到官方承认的家谱作为证明，但与唐代不同的是，旗人的家谱是由家族自己纂修，自行保存，需要时只要送交官府查验就行了。

宋代以前纂修的家谱，因年代久远，现在已基本亡佚，无从考察其纂修情况，我们只能从前人的记录中略为了解一些。流传至今的古代家谱，大多是明清两代纂修的，从中我们可以对明清两代的家谱纂修情况有一个大致的了解。

明清时代，虽说纂修家谱是私人之事，但由于家族是社会统治的基础，家族稳定，社会也就容易安定。因此，政府对于建家庙、修家谱之类加强家族团结的事情大都采取支持和鼓励的态度。历代玉牒的纂修，也起了间接倡导的作用。明太祖在位时，就曾为自己的家族编修家谱。以前没有编修家谱习惯的清王朝，入关后仅12年，即世祖顺治十二年（1655），就提出要为自己的爱新觉罗家族编修家谱。在明清两代的家谱和有关文献中，不断见到政府当局鼓励纂修家谱的记载。

明清两代，家谱纂修和续修年限的时间长短没有统一规定，基本上处于自发状态。但不管时间长短，都必须在一定时间内续修，以保证家族血缘延续记录的完整。如清代玉牒，皇帝规定每 10 年续修一次。其余私人家谱，一般规定是 30 年续修一次；也有的是 15 年一小修，30 年一大修；还有一些家族规定，分支家谱 5 年一修，合族的公谱 10 年一修。修谱间隔最长的是武进城南张氏家谱，规定三世一修，每世通常 30 年，也就是 90 年续修一次。孔子家谱规定是 30 年一小修，60 年一大修。徽州徐氏家谱也是 60 年一修。总之，不管多少年一修，应到时即修，到时不修，子孙会被人视作不孝。当然，如果因战乱、自然灾害等特殊原因没能如期续修，也是能够理解的，但在重修时应在新修家谱的序文中予以说明。不过，由于中国社会历代战乱、兵燹、瘟疫及自然灾害等不断，再加上家族本身如迁徙、人才、经费、资料和对家谱重要性认识不够等原因，能够严格按照规定续修家谱的家族并不多见，至多是在一定时间内能够按规定续修。从历史的角度来看，严格按规定多少年一修的家族没有一个，就连家族稳定性最强的孔氏家族也是如此。

　　家谱的纂修，通常是由家族中负有文名或职务最高的退休官员倡议和主持，或由族长主持，也有极少数聘请族外硕儒主持。王安石就曾编过《许氏世谱》，文天祥也曾给燕氏编过家谱，20 世纪 40 年代末所修的蒋介石家族家谱《武岭蒋氏宗谱》，即是延聘国民党元老、著名文人吴稚辉为纂修总裁。修谱时一般都要成立一个临时性的机构，即家谱修纂或编修委员会，也称"谱局""修谱董事会"等，安排好修谱中有关各方面工作的人手，然后向全家族包括已经迁居他乡者发布榜文，要求尽快将近期的各种资料报来，加以汇总。也有的是在各支房谱基础上进行汇总。

编修委员会有大有小，主要视家族大小、家谱纂修的难易程度和时间长短而定，少则十余人，多则数百人，内部分工明确。如康熙《孔子世家谱》的编委会有鉴定1人，为当时的衍圣公孔毓圻，监修2人，督刊2人，编次1人，即孔尚纪，校阅1人，刊刻2人，连刻工共9人。而民国《孔子世家谱》的编委会则大了许多，有总裁1人，为孔德成，提调4人，监修2人，编次13人，校阅10人，收掌4人，文牍9人，书记5人，收发4人，庶务4人，会计2人，交际4人，督刊4人，不算印刷人员，共66人。编委会最大的大约当数《张氏统宗世谱》的编委会，共计248人，堪称一时之冠。

修谱的经费大致有如下几个来源：一部分来自祠堂公产，如族田、祭田或其他族产收入。一部分由家族成员公摊，每丁或每口出钱多少，可以是钱，也可以是粮食。有违抗不交者，依家规严处，甚至不准登记入谱，或家谱修成之后，不让领谱，也就是说给予开除族籍的处分。所以修谱之时，再穷的族人，也会按时交纳。第三是按入谱的条目、字数或领谱的数量摊钱，这样一来，势必造成有经济实力的族人，通过这种方式在谱中占有更多的篇幅，而那些贫穷下户和衰房弱支，则在谱中无足轻重。这种方式也使得过去一些从事不被重视的职业之人，如商人等，可以凭借经济实力，在谱中改变形象，占据重要位置。第四是自愿捐赠，一般是由族长、房长及族内士绅人物率先认捐倡导，然后推广到各房支。当然，也并不是每一个家族修谱都全部采取以上方式筹款，但一般不会超出上述范围。谱修成后，要将收支向族人交代清楚，以示无私。我们不妨以民国《孔子世家谱》为例，来看看收支情况。编委会共收到本支 60 户及 60 户所属者摊洋 3682.6 元，其他各地支派摊洋 4824.1 元，纸坊户孔祥熙捐洋 1000 元，滕阳户孔繁蔚捐洋 500 元，合计 10 006.7 元。支出明细是：（1）自 1928 年 9 月 1 日成立筹备处至 1930 年 10 月 9 日，共支洋 140.4 元。（2）1930 年 10 月 10 日开馆时公宴支出 179.9 元。（3）自开馆至 1935 年 7 月 30 日，共开支伙食费、笔墨纸张费用、灯油费、炭火费、茶水费、厨役茶夫工资费用、邮电等通讯费、杂费、誊录费、印刷费 6430.8 元。（4）开各地族人代表大会招待费与公宴费支出 232.9384 元。（5）自 1935 年 8 月初至 1937 年 11 月底谱成共支洋 2270.65 元［明细与（3）同］，合计支出 9254.6884 元。另外，本支各户领总谱和支谱的共捐洋 26 312 元，全谱的价格是 60 元一部，支谱的价格视篇幅而不同。这笔钱当然用于印刷。

　　家谱修成后，先请名人作序，以弘扬先辈祖德。在清代"文字狱"盛行时期，大多还要送官府审查后再行刻印，以防有违碍文字导致不可收拾的后果。家谱刻印完成，这是全家族的一件大事，通常要择吉日举行祭谱仪式，在祠堂里摆酒庆贺，有时还要请戏班唱几天戏。然后，将一份家谱供在祠堂，其余按编号分给族长、族人保藏，并留有记录，定期检查。家谱的保管者要对家谱视若珍宝，妥善安全地保藏，不得轻易示人。如有损坏，则予以训斥，如若出卖或供给外姓阅读、传抄，那更是大逆不道，家族要予以严惩，轻则除名出谱，重则送官惩办。近代以来，也有的家族在家谱修成之后，会奉送一部或数部给有关图书馆保存。如果是一些大家族的分支，则还要将修好的家谱送一份到大家族中备案、保存。如各地孔姓家族修成家谱后，都必须送一份至曲阜孔府，以备日后孔府修谱时收入。多少年后，这个过程再重复一遍，每一遍的内容都不完全相同，为了有所区别，现存的家谱大多标上"续修""几修"字样。据笔者浏览所及，普通家谱续修最多的有 20 多次，清代皇帝家谱——玉牒则续修达 28 次之多。

家谱纂修的资料来源，通常是日常积累。一般每年正月，很多家族的家族成员要到祠堂聚集，将去年各家的人口变化情况，用墨笔登记上谱，新生儿在各自派系下，登记上出生年月日时、行第。由于旧时规定，小孩 5 岁入塾开蒙读书时，方由父、祖、师赐名，因而，此时只能登上小名。有娶妻者即在其名下登记娶于某地、某人之女、姓名及出生年月日时；嫁女者注明嫁于何地何人；死亡者注明死亡年月日时、寿数、葬地等。这个程序称为"上谱"。所上之谱作为日后修谱的底谱，由于是用墨笔书写，通常也称"墨谱"。有的不一定一年上谱一次，有些家族规定，新生儿出生三日、死亡者半年内即要上谱。迁到外地的族人，由各房支平时单独记录，每年向宗祠汇报一次其迁居地和人口变动情况，即使是皇族也是如此。清代皇室成员每年正月初十之前必须将人口变动情况造册报送专管皇室事务的宗人府。清代中期以后，皇族成员数量剧增，一年报一次的工作量太大，又改成三个月报送一次，一年四次。嘉庆年间，一批皇族成员迁回满族的发祥地盛京（今辽宁沈阳），他们则规定十年须向北京宗人府报送一次人口变动情况。也有的不上谱，而是平时由族长备册统计。如东北某些满族地区，穆昆达（族长）在每年祭祀时，都须备有三个册子，一个册子登记身故之人，一个记新出生之人，另一个则记录族中新娶妇女的姓氏和旗别，以备修谱时采用。

　　除了日常积累之外，旧有资料的来源还有：前代遗留下来的旧谱资料、口碑资料，实际调查所得资料，各支族所修的家谱资料。支族修谱时间一般短于合族修谱，修成之后也要送一份给总族，以备修合族谱时采用。此外，还可以利用各种宗祠契约、文书、文件、族人所撰的诗文、存稿和各种著作，以及族人的墓表、墓志铭、行状、小传等，传记资料则可抄录各种史书、方志、碑传文等，先祖资料和以前世系，则可直接采用以前修成的家谱，只要略加考订就行。

　　对于最新资料，最可靠的办法是编委会向全体族人征集调查，族人在收到通知后，即将自家详细情况填表上报户头或户长，户头或户长要对所报资料负责，然后汇总交给族长或编委会。

　　在家谱纂修中，通常对资料的收入和使用还有一些具体规定，其中主要是在对家族成员是否全部收录方面。我们知道，封建时代纂修家谱最重视的是血统世系，其主要目的是明血统、序昭穆，因而，对防止“乱宗”之事，非常重视。为了保证血统纯净，对一些特殊人物，在是否入谱的问题上，有一些具体的规定。例如，家族成员没有后裔，如果抱养的是亲兄弟的儿子，或家族中血缘较近的，可以入谱。但须清楚注明抱养于何人，如果抱养异姓人为后，则一律不准入谱，私生子虽然有血缘关系，但属伤风败俗之事，也不能入正谱，只可入附谱，并于名下注明“养”的字样。对于未成年而死亡者，不同家谱的规定也不一样。未成年而死亡称之夭折，据封建时代礼教的规范《仪礼·丧服传》规定，16至19岁死亡者称长殇，12至15岁称中殇，8至11岁称下殇，8岁以下者称无服之殇。一般来说，下殇以下是不入谱的，中殇以上可于其父名下注出。妻子和继妻可入谱，妾必须生子方可入谱。入赘之人如改本姓，男的削去字行，即在谱中见不到字辈，异姓者则一律不书，儿子名下注"养"字。以上诸种规定，都是为了保持血统的纯净。然而，也有例外，在一些养子比较普遍的地区，如福建一带，很多家谱则采取变通方式，亲子用红线连于父亲之下，注明某人之子，养子则画黑线，也注明某人之子。更有些家族，只要交纳一定数量银钱，即可上谱，但这并不多见。

家谱纂修的另一个特点是隐恶扬善，如果家族历史上出过什么著名人物，受过何种褒奖，或有奇才异行，为家族争光者，都要大写特写。妇女本来在家谱中是没有什么地位的，但如果是节女、烈女，受到政府褒奖，立了牌坊，则被视为全家族的光荣，家谱上要专辟一处，详细书写。可是，一个家族中难免有不肖子孙，直接写上，则有辱家声，一般采用除名的方式，俗称"出族""出谱"。除名这种方式由来已久，班固《汉书·景帝纪》中明确记载吴王刘濞等为逆，除其籍，毋令污宗室。南朝梁武帝，因其长子萧综在前线投敌，不得已将其除籍。《新唐书·宰相世系表》最末记载："侯希逸亡其世系，李辅国中官也，仆固怀恩叛臣也，朱泚、王建、朱全忠皆削而不载。"具体何种人出谱不书，各个家族都有自己的规定，基本上是不得沦为奴仆娼优等贱民，不得从事低贱行业，不得违法乱纪。其中尤以光绪年间何乘势等所修的《方何宗谱》规定得最为详细，一共九种人削名不书：计有男子为乐艺、僧、道、义男、奸盗、过恶、并犯祖茔、盗卖坟地、嫁娶不计良贱。另外还有六种属于冒大不韪之事，只要沾上其中一点，也都削名不入谱：（1）弃祖，凡忤逆不孝，凶暴横行，殴打兄弟致残者，殴打族人致死者，嫖妓所生的儿子等，都属弃祖，一律不准入谱。（2）叛党，藐视国法，参加叛乱，大逆不道，以至欺君、蠹国、虐民者和为吏舞文弄弊，连累宗族者都属叛党类，同样不准入谱。（3）犯刑，犯法受刑者，或无故将人缢死还想抵赖、逃脱者都属犯刑，也不能入谱。（4）败伦、乱伦、同姓通婚等都不能入谱。（5）背义，其中与娼、优、隶、卒结婚的，丢失家谱者，修谱时不肯出钱者都属背义，不入谱。（6）杂贱，为人奴者，或从事娼、优、隶、卒等职业者，都属自甘下贱，不入谱。在孔氏家谱中，也规定了六种不准入谱的类型，依次为：不孝、不弟、干名、犯义之人不准入谱，义子不准入谱，赘婿不准入谱，再醮妇带来之子不准入谱，僧道不准入谱，流入下贱者不准入谱。

封建时代的家谱纂修，出于抬高家族地位和声望起见，在追溯先祖时，必然要上溯到一个名人或皇帝方才罢休，哪怕是冒认攀附也行。如果我们仅从家谱来看历史，我们可能会得到这样的有趣结论，历史上的坏人都是既没有祖先父母，也没有子孙后裔的。这种自抬身价、炫耀祖先的陋习，从汉代起就已存在。魏晋、隋唐以至明清所修家谱，大多如此。姓萧的必为萧何后人，姓范的定是范仲淹之后。同时，在叙述家族籍贯时，大都往本姓最有名的发祥地靠近，徐姓的郡望必是东海，王姓定是琅琊，李姓必称陇西，刘姓则大书彭城，周姓都是汝南等。至于如何传下来的，则又语焉不详，似乎不如此这般，就不能在社会上安身立命似的。即使一些著名人物也不能摆脱此习俗。明太祖朱元璋夺得天下后，要为自己修家谱，可自己出身贫穷，没有显赫的家世，也想冒认个有名的祖宗抬高身价，就想到了朱姓在历史上最有名的人物是南宋大理学家朱熹，但主意还没拿定。一天，见到一个姓朱的小官吏，朱元璋问他，你的祖先是不是南宋的朱文公，回答说不是。朱元璋这才醒悟，一个小官吏尚且不肯冒认名人为祖宗，我作为一国之君又何必呢，这才打消了念头。此外，在家谱行文中经常使用一些与身份不符的僭越之词，这些词本是专为帝王所用，如先祖始迁称为开基，置办产业写作创业，盖房称启宇，家道中落又再恢复称中兴，墓穴称龙形、凤形等，其结果除了满足一时虚荣心外，可能还会引起一些不必要的麻烦。至于行文中没有做过官捏称做过官，小衔称大衔，妇女无品级而漫称淑人、孺人等，更是常事。这些行为给家谱的严肃性带来了很大危害，影响了家谱的史料价值。

唐代以前家谱的政治作用较强，而北方又是中国政治、经济、文化的中心，豪门势族大多出于北方，因而，官修的家谱以北方居多。宋代以后修谱为个人之事，政府不再干预，修谱必须以一定的经济、文化水平为依托，南方的经济、文化相对发达，人们的历史意识较强，因而，宋以后家谱纂修南方多于北方。总的来说，家谱纂修是内地多于边疆，汉族多于少数民族。

从家谱纂修的体例上看，前代家谱侧重于世系，后代家谱侧重于人物和事迹，所以，续修的家谱通常比前修家谱增加了很多内容和篇幅。虽然后代家谱的直观性不如前代强，但其保存资料较多，价值也相对高一些。

十一、特殊家谱——玉牒

中国古代社会是建立在封建宗法制基础之上的，历代均实行君主世袭制和表现形态不同的勋亲分封制。因而，历代对于王朝皇族（**先秦时期是王族**）的世系支派、亲疏远近均特别重视，设有专门机构进行管理，并陆续建立了系统完备的宗室世系簿籍，形成了中国历史上源远流长、相沿不辍的皇室家谱，即玉牒系列。这是一类最为高贵，也是最为特殊的家谱。

皇室家谱古已有之，而用玉牒命名则晚了许多。"玉牒"一词最早出于何时，已不可考，但不会晚于唐文宗太和二年（828）。据《唐会要》卷65"宗正寺"条记载，太和二年，修玉牒官李衢等人奏称："窃以圣唐玉牒，与史册并驱，立号建名，期于不朽。乞付宰臣商量，于玉牒之上，特创嘉名，以光帝籍。"最后，皇帝赐名为"皇唐玉牒"。这是唐代，也是我国历史上皇族谱牒称为"玉牒"的最早和最明确的记载。实际上，玉牒名称的使用，应该还要早于太和二年，从行文中"圣唐玉牒""于玉牒之上"即可看出，只不过这一年是正式把玉牒赐名为"皇唐玉牒"。

唐朝之前，除了可能用玉牒之名外，皇室家谱的名称大致有"世谱""帝谱""宗簿""皇帝宗族谱""宗谱""辨宗录""皇室谱"等。文宗太和二年之后，玉牒方才成为皇室家谱的主要名称，但不是唯一名称。根据收录内容的不同，还有诸如"天潢源派谱""偕日谱""皇孙郡王谱""县主谱""宗系谱""宗藩庆绪录""仙源积庆图""仙源类谱""宗支""宗属亲疏服图""主婿""景源积庆"等名称。

玉牒的收录范围，在不同的时代是不完全一样的。除了通常记录皇室所有成员之外，还有专记皇帝的，如前文所提的"于玉牒之上，特创嘉名，以光帝籍"，大约是只记皇帝，不及宗室；有专记皇后的；有记帝系的；有记皇子皇女的；有专记皇帝女婿的；也有记录整个宗室的……

关于皇室家谱最早出现于何时，也有不同的说法。根据司马迁的记载，上古时期已有谍记、谱谍、谱牒一类典籍，他在撰写其不朽著作《史记》时，就曾使用过这些文献。类似文字，《史记》中多有出现，只不过这些谱牒太过简略，仅记载帝王世系与谥号，导致太史公一再慨叹"谱牒经略"，"谱牒独记世谥，其辞略，欲一观诸要难"。

商代甲骨谱牒的出现，也为皇室家谱起源很早提供了佐证。虽然前面说到的武丁时期的兽骨刻辞由吹到髟十一代的世系还不能证明为这就是商王朝的王室家谱，但由于存在于商代王室的档案库中，其中的某些关联性还是可以理解的。从理论上说，早在奴隶制时代，王室就有了系统记载家族世系的谱牒，后人曾根据这些王室家谱编成了一部先秦时期王室、诸侯世系总谱——《世本》，此书也曾被司马迁引用过。

皇室家谱，无论在奴隶制时代，还是在封建时代，都是最受重视的，历代均设有专门机构负责编修和管理，远在周代，即由小史掌管王族世系，也就是王族谱牒。《周礼》称：小史"奠系世，辨昭穆。若有事，则诏王之忌讳"。这就是说，小史负责定立王族的世系，区分族人的长幼辈分和亲疏远近，遇有祭祀等事，则告诉君王先祖的死日和名字。小史记下的各代世系，也就形成了周王族的谱牒。周代的谱牒，如今也偶有传世，这就是刻在周代钟鼎上的金文谱牒，其简略类于甲骨谱牒。

战国时期，诸国也都设有专官负责管理王族谱牒，如屈原曾担任的楚国三闾大夫之职，据后人王逸《离骚经》解释："三闾之职，掌王族三姓，曰屈、昭、景。屈原叙其谱属。"也就是说，是掌管王族谱牒之官。

秦王朝建立，首次设立宗正一职，专事负责管理皇族事务和掌修皇族谱牒。汉朝代秦后，于高祖七年（**公元前 200 年**）始"置宗正官以叙九族"。平帝元始四年（4），改宗正为宗伯，王莽时又将宗伯合并于秩宗。后汉恢复宗正的设置，设宗正卿一人。两汉宗正官员，皆用皇族中人担任而不用外姓人。《汉书·百官公卿表》说："宗正，秦官，掌亲属。"所谓"掌亲属"，具体地说，就是如《后汉书·百官志》所说的，"掌序录王国嫡庶之次及诸宗室亲属远近，郡国岁因计上宗室名籍"。"又岁一治诸王世谱，差序秩第。"由此可知，汉代的同姓诸侯王每年要随岁计上报宗室名册给宗正，宗正则根据这些名册而每年一修皇族谱牒，以序列宗室与皇帝的嫡庶之分和远近之别。大约在汉初百余年间，郡国上报的宗室名籍可能不太详细，从而导致皇族谱牒记载不明，以致司马迁在《史记·太史公自序》中感叹说："汉兴以来，至于太初百年，诸侯废立分削，谱纪不明，有司靡踵强弱之原。"汉代宗正纂修的皇族谱牒，很少流传外间。《汉书·艺文志》仅著录了《帝王诸侯世谱》一种，二十卷。

汉代的宗室子弟，一般都可载入皇族谱牒，此谓为有"属籍"。如果犯了一定的罪过，就要绝其属籍，开除出皇族谱牒。但若遇到皇帝开恩，还可再复其属籍，重新载入皇族谱牒。有属籍者，可以享受一定的特权，特别是授官封爵，往往根据皇族谱牒上所记载的亲疏关系来进行。《后汉书·卢植传》中所说的"同宗相后，披图案牒，以次建之"，大概就是对这种现象的一种概括。

三国时，魏国设有宗正卿一人，"掌叙亲属及宗室犯法"。宗正卿偶尔也由皇族以外人士担当。吴国也有宗正卿的设置。蜀国缺乏记载，但蜀以汉室正统自居，其制度当如汉朝，宗正之设断不会缺。西晋时设有宗正，"统皇族宗人图牒"。宗正除置卿外，还置丞、功曹、主簿、五官等员，也兼以庶姓担任。南渡后，从桓温所奏而省去宗正，并入太常。由于历史久远，魏晋间宗正所掌的皇族图牒，并未见于史籍著录。

南北朝时期，南朝宋齐两代沿用东晋制度，不设宗正，而以太常管理属籍。梁武帝天监七年（508）恢复宗正卿，"主皇室外戚之籍，以宗室为之"，并设丞、主簿等属官。陈代因之，但可以由庶姓担任。《隋书·经籍志》《旧唐书·经籍志》《新唐书·艺文志》《通志·艺文略》等目录著录的《宋谱》四卷、《齐梁谱属》十卷、《齐梁帝谱》四卷、《齐梁宗簿》三卷、《梁帝谱》十三卷等书，都是南朝的皇族谱牒。北朝时期，后魏、北齐都设有宗正卿、少卿、丞等官。后魏宗正卿"用懿清和识参教典者"担任，"先尽皇室，无则用庶姓"。后周则设宗师大夫"掌皇族、定世系、辨昭穆"。后魏的皇族谱牒见于各书著录的有《后魏谱》三卷、《后魏皇帝宗族谱》四卷，都可能出自宗正的纂修。另外，后魏宗室元晖业还撰修了《后魏辨宗录》二卷，记述北魏藩王的家世。北齐的皇族谱牒有《齐高氏谱》六卷、《后齐宗谱》一卷。后周太祖时，曾令丞相府右长史宇文测"详定宗室昭穆远近，附于属籍"。这实际上是重修了一次皇族族谱。武帝时，又敕令鲍宏修撰《皇室谱》一部，全书分帝绪、疏属、赐姓三篇。此外，周代还有《周宇文氏谱》一卷见于后世著录。

隋代也有宗正卿之设，并同样设有少卿、丞、主簿等官，但未见有隋代的皇族谱牒著录。

唐代一直设有宗正寺（中间一度改为司宗寺、司属寺），设卿一人、少卿二人、丞二人、主簿二人、录事一人。宗正卿"掌皇九族六亲之属籍，以别昭穆之序，纪亲疏之列"。宗正寺大小官员，皆从宗室中选择有才行者担任。唐后期，在宗正寺还专门置立图谱院，设知图谱官一人、修玉牒官一人。

早在唐朝初年，宗正寺便建立了皇族谱牒，并保存得相当齐全。唐代宗正谱牒的完整，是与实行"凡五等亲有升降，皆立簿籍，三年一遣"的制度分不开的。只是到了唐代晚期，宗正报送簿籍的制度才逐渐废弛，从而使宗正谱牒出现紊乱。宣宗大中六年（852），宗正寺报称宗正谱牒"近日修撰，率多紊乱，遂使冠履僭仪，元黄失位，数从之内，昭序便乖"。为了改变这种状况，重整皇族谱牒，宗正寺请求自后"宗子自常参官并诸州府及县官等，各具始封建诸王，及五代祖，及见在子孙，录一家状，送图谱院"。这一建议的批准实行，在一定程度上继续维持了唐代宗正谱牒的绵延不辍。

唐代的皇族谱牒，不仅比较完整，而且类型较为丰富，大致有如前所述专记帝籍的"玉牒"，专记皇后的"皇后谱牒"，专记帝系的"天潢源派谱"，专记皇子、皇女、皇孙的"偕日谱"、"皇孙郡王谱"和"县主谱"之类，还有记录整个皇族的"宗室谱"。

五代时，各朝也有宗正寺之设，其官也以宗室为之。这一期间，宗正寺也曾修撰了一批皇族谱牒。如后梁开平五年（911），宗正卿朱逊、图谱官朱损之曾撰述《天潢源派》二轴上进。晋太祖时，宗正卿石光赞也曾纂成玉牒，其中还曾追及皇族之先祖。

宋朝建立，依照前代制度，设立宗正寺，掌管"宗室赐名、立名、生亡、婚娶注籍，纂修三祖下藩庆系文字"。宗正寺的属官，均由宗室担任。后因大宗正司设立，方才可以由外人担任。宋朝对玉牒的纂修非常重视，一度还曾专门设立玉牒所，专门掌管纂修和收藏玉牒。

宋代宗正寺纂修的皇族谱牒共有五种：一种是玉牒，"以编年之体叙帝系而记其历数。凡政令赏罚、封域户口、丰凶祥瑞之事载焉"；一种是属籍，"序同姓之亲而第其服纪之戚疏远近"；一种是宗藩庆系录，"辨谱系之所自出，序其子孙而列其名位品秩"；一种是仙源积庆图，"考定世次枝分派别而系以本宗"；一种是仙源类谱，"序男女宗妇族姓婚姻及官爵迁叙而著其功罪生死"。宋代曾经规定，宗藩庆系录每年修纂上进，送交皇帝审查，仙源积庆图三年一进，其余三种十年修纂一进。但实际上并未严格实行。

宋朝玉牒始修于太宗时代，一般每朝一牒。北宋年间后朝所修玉牒，东京陷落时全部落入金人之手，遭到毁灭。于是，南宋建立后，又重修历朝玉牒。宋朝制度，宗室无论男女，其出生、赐名、授官、婚姻、生子、死亡等事，都要报送宗正寺或玉牒所，载入祖籍，以备纂修谱牒时用。宋代的玉牒，除记载皇帝世系之外，更大量地记载本朝的大事，其体例相当于正史的帝纪，但稍详，后面还不时有皇后事迹，这在历代玉牒中是非常特殊的。正因为如此，宋代纂修玉牒时，除使用报送的资料之外，还要参考一部分史书。

宋代玉牒的书写装帧材料都比较讲究，真宗咸平四年（1001）曾规定"书以销金花白罗纸，金轴，销金红罗带腹，黑漆金饰匣，红锦裹，金锁钥"，为卷轴装。神宗时，又因轴大难于披阅，诏改以黄金梵夹装。南宋也仍然如此。宋代玉牒的进呈本，一般建有专馆收藏。

辽代早于太祖神册二年（917），即仿唐代的宗正寺，置大惕隐司，以"掌皇族之政教"，官员也以皇族为之。及得燕云之地后，又设南面三省六部。其中宗正寺职在大惕隐司，设卿、少卿等员。以历代制度推之，大惕隐寺当也掌皇族谱牒。可惜辽代皇族谱牒从未见于记载。

金代初置为大宗正府，章宗泰和六年（1206），因避睿宗讳，改为大睦亲府，其官员皆以"皇族中属亲者充"。《元史新编·艺文志》著录的《金重修玉牒》，就是章宗承安五年（1200）由大睦亲府修成上进的。金代皇族谱牒在宣宗贞祐二年（1214）元兵攻占中都时，损失严重。故《金史·宗室表》称："贞祐以后，谱牒散失，大概仅存，不可殚悉。"

元代于世祖至元十七年（1280）开始设立大宗正府。但"元之宗系藏之金匮石室者甚秘，外延莫能知也"。正由于元代宗系秘不示人，故元代的皇族谱牒也不见录于我国史籍。值得提及的是，元朝的西北三藩国之一的伊利汗合赞曾于伊斯兰历700年，即1300年至1301年下诏，让他的宰相拉施特编纂一部详细的蒙古史。此书后于1310年至1311年全部编成。这部波斯文著作的主要部分都比较完整地保存了下来，后被转译成汉文，以《史集》为书名出版。此书对成吉思汗的先祖、成吉思汗及其继承者的世系、事迹，记载得非常详细，包括了整个蒙元皇族的谱牒。

明初始设大宗正院，不久改为宗人府，掌管皇室九族属籍和修纂玉牒。按照规定，每年八月要将各王府新生子女的"生年月日并分嫡庶及生母姓氏"，奏报宗人府。另外，凡有"亲王、郡王、将军、中尉请名封、袭封及出阁封郡主、县主、郡君、县君、乡君并薨故等项"，也要奏报宗人府，宗人府分别注入"宗支簿籍"。宗支簿籍，男女分册记载，相当于清代的男女红名册。根据宗支簿籍，宗人府定期增修玉牒，开始时规定十年一次，但并没有得到坚持。

明代玉牒具载"宗室子女嫡庶、名封、嗣袭、生卒、婚嫁、谥葬之事"。其纂修体例，以嘉靖二十四年（1545）为界，前后颇有不同。这一年，根据礼部上疏，玉牒内第一册中总图（**即世系图**）改为表格，且以帝系为宗统，宗族中虽有系长出而在藩封及国初追封为王的，具在帝系后。这次体例的改变，一是适应皇族世系增多、人口增加、单张纸幅难以容纳的现实，改过去的总图为总表；二是适应加强皇权的需要，尊君而不尊长，改过去长子为统、以长幼为序的排列方法为以皇帝为统、以尊卑为序排列，突出了皇帝在皇族中的地位。

历代皇室家谱，均属国家高度机密，极少流传民间。因此，各代编纂玉牒的确数，如今已无法统计，散见于后代文献记载的除前文所列举的之外，南宋尤袤曾在他的《遂初堂书目》中著录过《秦陵玉牒》《仙源积庆图》《本朝宗室图谱》等皇族谱牒。明代皇族谱牒见于当时及后人著录的有：《天潢玉牒》一卷，"不著撰人名氏，载明太祖历代世系及其自微时以至即位后事，略以编年为次。凡皇后太子诸王谥号封爵，皆详列之。书中称成祖为今上，则永乐时编也"。此书颇类宋代玉牒，书一代大事，与独记宗支世系的其他皇族谱牒有所不同。此外，还有《玉牒》一部二册，明永乐十九年（1421）以前修；《明宗支》二卷，明初辑，男女各一册；《明主婿》一卷，"洪武中编仁祖及太祖亲王主婿谱牒"；《大明宗谱》一部一册、一部二册、一部三册，为记载诸王之玉牒；《大明谱系》一部一册；《宗属亲疏服图》一部一册。

非常遗憾的是，唐代以前的所有玉牒均已亡佚，流传至今的宋代皇族谱牒有：刘克庄纂《玉牒初草》二卷，为宋宁宗嘉定十一、十二两年（1218、1219）的玉牒，分别收于《后村先生大全集》和《藕香零拾丛书》中，传布较多；嘉定间史浩领修的《仙源类谱》宋抄本残四十卷、清抄本一百四十卷，分别藏于中国国家图书馆和上海图书馆；佚名纂修的《宗藩庆系录》宋抄本残二十二卷，藏于中国国家图书馆。明代的流传到今天的仅有《天潢玉牒》一卷，佚名纂，或题作明解缙撰，该书除幸存有明抄本外，并被收入《金声玉振集》《纪录汇编》《胜朝遗事初编》《丛书集成初编》《景印元明善本丛书十种》等丛书中，因而流传较广。

在历朝皇室家谱中，清代皇室的玉牒是唯一保存得最为完整和最为系统的。据统计，中国第一历史档案馆，现存清代各类玉牒达2600余册，辽宁省档案馆也保存有内容大体相同的一份。

清代玉牒是入关以后方才开始编修的。世祖顺治十二年（1655）规定，作为皇家家谱的玉牒每十年纂修一次。六年后，也就是顺治十八年（1661）正式开始纂修。纂修的组织工作由专门负责皇族事务的宗人府承担，每次纂修均先由宗人府提请"钦命"，允准后由专门开设的玉牒馆具体实施。玉牒馆是与方略馆相类似的非常设性临时机构，通常修谱开馆，谱成即撤，由于清代规定玉牒十年一修，玉牒馆也就十年一开。玉牒馆的正、副总裁由皇帝从宗人府宗令、宗正和满汉大学士、礼部尚书、侍郎、内阁学士中挑选，另委任大学士一人任领催，负责玉牒馆与皇帝间的联系。以宗人府府丞担任管校官、提调官，纂修官则由宗人府中理事官和满汉主事、内阁侍读、翰林学士及礼部司官担任，有时人数多达五六十人。玉牒修成之后，进呈皇帝，皇帝阅后认可，抄出副本，分送各处，同时，议叙、封赏与事人员，玉牒方告修成，玉牒馆撤销。十年续修时再援前例，修完即撤，每次纂修均兴师动众，耗资巨大。

与民间家谱纂修不同，民间家谱的续修是在原本基础之上，增加新的资料，重新增删，修成一部新谱。新谱、旧谱，详略不一，同时并存。而玉牒的续修，旧本不动，另作新谱，每次续修，均将前谱再抄一份，然后用红笔在末尾添上新生者，用墨笔将上次修谱后死亡者改为黑色。新谱完全包括了旧谱的内容，可以取代旧谱。

清代玉牒，在内容上，有宗室玉牒和觉罗玉牒之别。顺治年间规定，清代皇族从太祖努尔哈赤的父亲显祖塔克世算起，其直系子孙后代为大宗，称为"宗室"；显祖的兄弟及叔伯兄弟的子孙后代即兴祖、景祖的后代为小宗，称为"觉罗"。宗室、觉罗平时就有区别，宗室腰束黄带子，俗称黄带子宗室，觉罗腰系红带子，俗称红带子觉罗。反映在玉牒上，宗室玉牒为黄色封面，觉罗玉牒为红色封面，以示区别。无论是宗室还是觉罗，男女均不同册，分别载于不同名称的玉牒之中。

　　从编排方式上，清代玉牒有横格玉牒和直格玉牒两类，横格表示支系，直格表示辈分，二者在内容上详略不一，编排上各有所长，互相补充，构成一个完整的玉牒体系。

　　横格玉牒不录女子，分为宗室子孙横格玉牒（亦称列祖子孙宗室横格玉牒）和觉罗子孙横格玉牒两种。其基本形式为每页 13 行横格，每格代表一个辈分，辈分最高者写于卷首第一横格，其子孙后代依辈分递降，内容极为简单，只有入谱人姓名、宗支、房次、职衔、封爵、有无子嗣、生卒年月日时。宗室横格玉牒不记载皇帝本人情况，皇帝及其直系子女，单独编成帝系玉牒，按照辈分，每代皇帝及其皇子为一页。此外，在宗室横格玉牒中，还有一种单用汉字写成的被称作"星源集庆"，专门记载乾隆以后各代皇帝的子女后裔的情况，男女各分一份。"星源集庆"初修于嘉庆二十二年（1817），皇帝亲自题签，自此之后，成为一种定制。

　　直格玉牒也称竖格玉牒，每页 16 行竖格，原则上每辈修一册，男女分开，也有几代合订成为一册的特厚玉牒。直格玉牒分为四种：宗室子孙直格玉牒（亦称列祖子孙宗室竖格玉牒），觉罗子孙直格玉牒，宗室女孙直格玉牒（亦称列祖女孙宗室竖格玉牒），觉罗女孙直格玉牒。格式大同小异，一般一至二格记载一人。男子玉牒内容包括姓名、封爵、授职、生卒年月日时、享年、生母姓氏、妻妾姓氏及岳父姓名、职衔、子女、所授奖惩等，皇子还有封谥等情况。有关皇帝的记载尤为详细，除上述各项之外，还包括被立为皇太子的年月、即位年月日、谥号、庙号、生母姓氏及徽号以及后妃的晋封情况。由于皇帝后妃很多，不可能全部列入，因而，道光十七年（1837）

以前，后妃生有子女，方准载入玉牒。道光十七年以后，改为皇后无论有无子女，均载入玉牒，皇贵妃以下生有子女载入，无子女者概不收录。皇帝的名字是要避讳的，玉牒中凡是出现皇帝名字之处，均用小黄绫盖住，以示敬重。多数情况是只写皇帝的年号或庙号，一般不直书皇帝名字。女子玉牒的内容比男子玉牒简单，只写生卒年月日时、享年、生母姓氏、外祖父姓名、职衔、成婚年月及夫婿姓名、职衔，不书名字，只写某某第几女，有封号的则将封号署于下面。

清代前期重要文书都是用满文书写，玉牒也不例外。有关皇帝的家系和生辰八字，属于最高机密，不能让汉人知道，参与纂修者只能是满人，故清初顺治、康熙两朝所修玉牒只有满文一种。雍正元年（1723），方才准许汉官参与。因此，雍正以后纂修的玉牒，由满、汉两种文字写成，格式、内容完全一样。此外，嘉庆以后纂修的横格玉牒"星源集庆"，却是只用汉文，没有满文。

清代玉牒资料来源于日常积累和撰写时的收集。平时，宗室和觉罗成员定期要向宗人府报告其家庭状况，包括本人名字、父祖世系、子女嫡庶、生卒、婚嫁、官爵、谥号、承袭次序、时间、秩俸、差遣等。清代初年规定，宗室、觉罗新生子女，由各旗首领等查询清楚后，每年正月初十前造册报宗人府，一年一次，内容包括出生年月日时、嫡庶次第、名字、母某氏等，宗人府分别载入宗室黄册和觉罗红册，以备纂修玉牒时使用。后因皇族人口剧增，一年一次已不能适应，乾隆二十九年（1764）改为三个月报告一次，一年四次。为了保持皇族血统的纯正，又规定：凡生子不报，以有作无，或本无子嗣，抱养而来以无作有者，一经查出，除本人要被治罪，连负责官员也要一并处罚。嘉庆中叶迁回盛京（今辽宁沈阳）的皇族，每十年须向北京宗人府造报一次宗室、觉罗辈分支派清册。居住盛京的皇族载入玉牒时，均在人名旁注上"盛京居住"字样。

清代玉牒，规定十年续修一次，可在康熙、雍正两朝，不是过十年再修，而是到第十年就要续修完毕，实际只隔九年。乾隆朝才改成过十年续修一次，可是，乾隆七年（1742）重修完毕后，理应乾隆十七年（1752）再修，但事隔五年，于乾隆十二年（1747）又提前重修。清朝灭亡后，溥仪小朝廷又于1921年修了最后一次。因而，自顺治十八年第一次纂修玉牒始，清代的玉牒，一共修了28次。

玉牒修成之后，早期是抄写三份，一份"进呈御览"，皇帝览毕，藏之宫内皇史宬，另两份则分送宗人府和礼部恭贮。乾隆二十五年（1760）改为抄写两份，一份仍存皇史宬，另一份原送礼部的改为送回盛京故宫内敬典阁恭贮，每份均是满、汉两种文字，宗人府仅存稿本。整个送贮过程，是非常隆重的，在钦天监选定的吉日，玉牒馆官员在总裁带领下，穿上朝服，对着玉牒行三跪九叩首礼，然后由宗人府和礼部组成的仪仗队吹吹打打送至皇宫，由皇帝审阅，文武百官于午门外跪迎，皇帝审阅完毕后，由太监捧出，再由王公大臣护送至皇史宬。送至盛京的玉牒，除出京时仍有上述这一套礼仪外，玉牒经过之处，各地方官员均要搭新棚迎送。出山海关后，由盛京将军派员专程迎接，玉牒到达盛京，官员均须穿朝服，出城跪迎，然后送至盛京故宫崇政殿陈设，再移到敬典阁恭贮。

清代皇族谱牒一直被视为神圣而严密珍藏，平时"除宗人府衙门，外人不得私看，虽有公事应看者，应具奏前往，敬捧阅看"。官员若有私藏，便要被严格追查究治。雍正时，大臣隆科多因将玉牒底本收藏在家而被群臣议以大不敬罪，遭到惩办。

皇室家谱规格也与民间家谱不同，十分宽大，纸张厚实，长度通常为 90 厘米，宽为 45 厘米，一本玉牒的厚度，有 50—80 厘米，最厚者竟达 140 厘米，400 公斤，要四个大汉方能抬起，外面再用黄绫严密包好，放入龙柜收贮，龙柜有红、黄两色。由于玉牒正本太大、太笨，难以利用，现在只能作为文物保存。玉牒的稿本俗称小玉牒，规格为 54 厘米 ×31 厘米，厚度一般为 10 厘米，便于利用。同时，小玉牒因系稿本，册内夹签、涂改、加注之处很多，研究价值不低于正式玉牒。原来保存于皇史宬的一部玉牒和宗人府的稿本玉牒现在归中国第一历史档案馆收藏。存放在沈阳敬典阁的一部，现藏于辽宁省档案馆。稿本玉牒已由中国第一历史档案馆整理完毕，编有详细目录，可供社会各界利用。

十二、少数民族家谱

我国是一个多民族的国家。远在上古的传说时代，各民族的祖先就劳动、居息、繁衍在这块广袤的土地之上。居住在黄河中游平原的是汉族的祖先"华夏"族，居住在四周的则是各个不同族类的少数民族。中华民族五千年的文明史，就是各族人民相互往来、交流、融合、同化，共同促进社会发展，创造繁荣文化的历史。

经过历史的选择，如今，我国共有 56 个民族，汉族人口约占全国人口的 91.96%，主要居住在黄河、长江、珠江三大流域和松辽平原，其余 55 个少数民族人口虽只有全国人口的 8.04% 左右，却居住在占国土面积 50%—60% 的土地上。在这 55 个少数民族中，除壮族、回族、畲族和大部分满族使用汉语之外，其余的民族共使用着超过 60 种以上的民族语言，这些语言分属汉藏、阿尔泰、澳亚、马来 – 波利尼西亚和印欧五个语系。由于各民族间经济、文化发展的不平衡，一些民族拥有自己本民族的文字，另外一些民族则使用着其他民族的文字，或尚处于口传及刻木、结绳的记事阶段。据有关方面 1949 年的统计，我国 55 个少数民族中有 21 个民族使用文字，其中 18 个民族使用的是自己本民族的文字，有的还同时使用着几种文字，其余如畲族、壮族、回族和大部分满族则使用汉文。新中国建立后，中央政府和各有关民族地区都建立了专门的少数民族语文研究机构，先后为十多个民族进行了民族文字改革和文字设计拉丁化工作，使拥有本民族文字的民族有所增加。

我国的少数民族与汉族一样，都有着敬天畏神、敬祖睦宗的传统。因而，在长期的历史发展过程中，也相应形成了相当数量的家谱文献。与汉族家谱均为单一使用汉语记录的文字家谱相异的是，各少数民族由于社会发展状况的不一致，他们所形成和保存至今的家谱形态是多种多样的。归纳一下，大致可分为无文字记录的口传家谱、实物家谱和使用文字记录的文字家谱三类，每一类之中，又可加以区别。实物家谱可细分成刻木家谱、结绳家谱和其他实物家谱等多种，文字家谱也可区分为使用本民族文字记载、使用其他民族文字记载、使用汉文记载和使用两种文字对照记载等多种，并且每一种家谱内容的繁简程度也不一样。同时，由于各少数民族的规模、人数及在中华民族发展过程中所发挥作用的不一样，因此，形成的家谱数量及流传与保存的程度也不一样。在中国当今 55 个少数民族中，到底有多少民族拥有自己本民族的家谱资料？流传至今的各少数民族家谱资料到底有多少？尚无人做出相应的统计，也缺乏有关的文献说明，作者只能根据自己所掌握的有限和不完全的资料，略加归纳，做些简单的说明与介绍。

在现存的各少数民族家谱中，以满族的数量最多。满族作为中国最后一个封建王朝的主流民族，享有很多特权，同时也有足以夸耀的祖先和家世值得记录。因此，满人修家谱的现象无论在清朝还是民国，都是比较普遍的。从现存家谱来看，满族人使用文字修谱，大约是从入关之后，即清王朝建立之后开始的。在此之前，只有在太祖实录中，保留着用满、蒙、汉三种文字记载的简单的皇室世系。此外，从如今尚保留的一些满族风俗来看，满族似乎存在着类似结绳的实物家谱。有些学者认为，在现今东北一些满族居住地，满族人家中西墙所供祖宗板右边"佛托妈妈"位置上索子口袋中的索绳，即是这种原始的结绳家谱。"佛托妈妈"，也称"锁头妈妈""托托妈妈""子孙妈妈"，汉译为恩情的妈妈，在满族传说中是一位为救清太祖努尔哈赤而被杀的汉族妇女，努尔哈赤即位后，被尊为"佛托妈妈"，成为满族供奉的保佑子孙繁衍、人口平安的神。"佛托妈妈"有位无像，只有一个口袋，名为索子口袋，内装一根数丈长、由五色线编成的索绳。家中孩子长到四五岁时，在冬月底大祭"佛托妈妈"的第二天举行挂锁仪式，男孩颈上套红彩线，女孩套蓝彩线，三天后取下，装入索子口袋，再逢祭日，则将孩子原先套过的彩线，系在索绳上。女儿长大出嫁后，婆家备好酒礼，送媳妇回娘家祭过"佛托妈妈"，然后将自己套过的蓝彩线解下带回，系在婆家的索绳上，这叫改锁。家中索绳上彩线多，自然说明这家人丁兴旺。

在现存的满族文字家谱中，有纯使用满文的，有满、汉两种文字对照的，也有仅使用汉文的。从形成时间上来看，清朝乾隆之前以纯满文居多，清中期以后开始出现满、汉文对照，道光以后，汉文逐渐取代满文，成为满族文字家谱中主要的书写文字。内容方面，有简单的谱系图表，有记事详尽的正规谱书，也有官方保管的族人家谱资料。文字家谱的流传形式有木刻本、活字本和近代排印本，更多的是稿本和抄本。现今存世的满族家谱，至今还没有人进行过全面的调查与统计，更不用说系统收藏，即使是国家图书馆也仅藏有汉文八旗谱 19种、满文家谱 21 种。但从辽宁大学历史系自 1983 年以来对辽宁、吉林两省所存满族家谱的不完全调查所得就有 500 多种来看，全面存世的满族家谱当有千种以上，其中私藏多于公藏，绝大部分分散收藏于个人手中。

满族的文字家谱通常被认为是入关之后方才开始编修的，修谱之所以成为一种大规模的普遍行为，是由满族内部实行的八旗制度决定的。在八旗制度中，家谱是官职承袭和人丁身份、地位的主要证明和重要凭证。努尔哈赤之前，居住在东北地区的满族是由无数个"穆昆"（氏族）组成，彼此间互相攻伐不已。努尔哈赤崛起后，以穆昆为基础，将普通穆昆改变成为带有军事性质的社会基层组织"牛录"，牛录的佐领（首领）通常是由穆昆达（族长）担任，佐领分为勋旧佐领、世管佐领和公中佐领三种，其中勋旧佐领和世管佐领可以世袭。此外，八旗中还有一些由有功人员担任的官职也是可以世袭的。这类家族世袭官职，早期是由各家族收藏的皇帝颁发的敕书来证明。后来，这种可世袭的荣誉被记入家谱，凭证也就由家谱来承担。从如今大量保存的诸如"雍正朝八旗佐领袭职缘由宗谱"和其他有关申请袭职的奏折中都可清楚看到，这类文件在叙述完申请袭职缘由之后，都会附有申请袭职者的家族世系来证明其所申请之不谬。这种附在申请袭职奏折之后的家族世系，实际上就成了满族文字家谱的一种早期形式。同时，在八旗制度中，各类成员的身份和地位是基本固定的，不能随意变更，这种固定关系也是通过家谱来维系的。家谱，在某种程度上又成了表明旗内人丁身份的依据。此外，从世祖顺治十八年（1661）开始，皇室连续不断地编修自己的家谱——玉牒，加上世宗雍正十三年（1735）敕修，历时十余年，于高宗乾隆九年（1744）方告修成的《八旗满洲氏族通谱》（以下简称《通谱》），都对满人修谱产生了积极影响，尤其是《通谱》所起的示喻作用，更是不可低估。《通谱》，80卷，共收录除爱新觉罗家族之外的八旗满族姓氏654个，蒙古姓氏、汉姓、高丽姓521个，合计1176个，记录八旗人物超过两万人。可以说，这部《通谱》，既是八旗满洲重要的氏族宗谱集成，又是八旗满洲的姓氏总集。清帝敕修此《通谱》的目的是提醒八旗满人增强民族意识，以提高民族凝聚力，进而达到巩固封建统治的目的。同时，《通谱》的修成，也为后来满人修谱提供了重要依据和线索。

在以上几个因素影响下，再加上清朝建立后，大批满人入关，生活在中华民族的大家庭中，汉族和其他民族重视修家谱的文化传统对满人也是个促进，乾隆之后，满人修谱蓬勃开展，由过去只是个别家族的个别行为发展成为全民族的普遍行为。在相当时间里，满人对纂修家谱的重视，几乎超过汉族，达到一族一谱的地步。清朝灭亡，八旗制度解体后，满人并未终止修谱，其宗旨是为了表示不忘本，教育族人强化自己是中国人的意识和重振本民族的辉煌。1931—1945 年日本占领东北期间，东北满族再兴修谱高潮，也正是这种心态的体现。现在我们见到的东北地区满族家谱，有相当部分是这个时期纂修的。

满族修谱，多在龙年、虎年、鼠年进行，取龙腾虎跃、人丁兴旺的吉祥寓意。时间一般在农历二月。如果是初次修谱，资料来源主要为历代相沿的传闻和从八旗都统衙门所存档案中抄录有关资料。如果是续修，则以旧谱为基础，再以历代穆昆达历年举行祭祀时记录的本族新生、娶进、身故人丁清单为根据，依次续上。死者的名字涂成黑色，新生者用红砂填上，女孩因要出嫁，是外姓人，一般不上谱，媳妇的名字附在丈夫旁，写明姓氏和旗分。在现存的满族家谱中，由于修谱时代和家族历史的不一样以及汉化程度的不一样，修成家谱的内容结构与详略程度也不完全一样，但叙述族源、迁徙、修谱缘起与修谱过程的谱序、凡例和记录家族世系的世系表是一定有的，其他诸如上谕、诰命、姓源、传记、仕宦、诗文、移驻考、族居记、行辈用字、家训、族规、恩荣、谱图、祠宇、墓图、碑记、大事记、照片等，则不是每一部满族家谱都全具有的。

在满族文字家谱中，还有一种特殊的形式叫谱单，实际上是谱书的简体，仅有家族世系和极简单的文字说明，注明家族迁移来源、字辈顺序和修谱、抄谱时间，通常是写在大张高丽纸和黄绸上，也有用数张高丽纸拼接而成，成卷轴装或经折装，中间一般都绘有祖先画像，已故人名用黑笔书写，尚存的人用红笔书写，文字有满文、汉文、满汉合璧或满文、汉文各一份对照等数种，很多谱单从顶端沿两边直至底部都绘有彩图。谱单平时被郑重收藏，每到祭日，则从祖宗匣中请出，敬陈于屋内西墙板上，全家跪拜祭祀，以示不忘祖宗恩德，并祈求祖宗庇佑。在现存满族家谱中，谱单多于谱书。

与满族同居于东北地区且风俗、信仰和习惯大体相近的锡伯族，虽拥有自己的民族文字，但未见到有用本民族文字书写家谱的记载与报道，只见到有关实物家谱的记载。与满族相似，锡伯族人在屋内西墙上供有保佑家宅平安和人丁兴旺的女神"喜利妈妈"，也叫"子孙妈妈"，没有神像，也是一纸袋，内装一根长约二丈的丝绳，上面系有小弓箭、小靴鞋、箭袋、摇篮、铜钱、布条、背式骨（猪后腿的距骨，俗称嘎拉哈）等物品，用来记载家中的辈数、人数、男女数和其他大事。添一辈人就添系一个背式骨，生男孩挂一张弓，生女孩挂一根红布条。从丝绳上可以清楚地看出这家一共经历了多少代，各代各有多少男女成员。这种丝绳实际上就是锡伯人的实物家谱，平时收在袋子里，拿出祭祀多半在半夜时分，不准外人看，十分郑重。

鄂伦春人在使用满文记事之前，一直使用结绳记事，其中也包括使用结绳来记录自己的世代，形成结绳家谱。据有关材料记载，鄂伦春人的结绳家谱多用马鬃绳，一代一个结，平时悬挂在房梁正中，十分珍视。

蒙古族是个豪放的民族，也是在中国历史上创造了辉煌业绩的民族。蒙古民族十分崇尚英雄，未有文字之前，在广阔的草原上就流传和吟唱着各种英雄的事迹和传说，其中自然包括了英雄的家世，这些流传四方的英雄事迹实际上就是后世英雄史诗的前身。在这些史诗被记录之前，史诗中的英雄家世实际上就是一种口传家谱。此外，在蒙古民族早期，其社会组织单位是氏族。氏族是以血缘关系维系，供奉一个共同祖先，因此，即使在没有文字之前，对祖先的世系传承，也必须切记，这就形成了民族的口传历史。蒙古文字创立后，一部分口传历史和英雄家世被记录下来，形成了文字家谱。蒙古早期文字家谱并不是独立成书的，而是记录在其他著作之中。如13世纪中叶形成的《蒙古秘史》和14世纪初形成的拉斯特《史集》中，都记载有成吉思汗祖先、成吉思汗及其继承者的家族世系，多达20多代。此外，元朝建立后，沿袭金制，设置大宗正府，专司修撰皇室家谱，但由于"元之宗系，藏之金匮石室者甚秘，外廷莫能知也"，随着元朝的灭亡，皇室家谱也就湮没不传了。元代蒙古人的家谱、世系资料，在《元史》和《新元史》的本纪、传记、后妃表、宗室世系表、诸王表、公主表、世族表等文字中，还是可以看出一些的。到了清朝，蒙古族仍是主流民族，在敕修的《通谱》中，也有相当的八旗蒙古姓氏和家谱。在其他一些官方文书，如《蒙古王公表传》中，对于蒙古各旗贵族的世系和功绩，也有可靠的记载。另外，蒙古各旗本身，也因职务和爵位的继承关系，必须将自己的各家世系记录得清清楚楚，三年整理一次，向中央具体管理机构——理藩院报送存档。除此之外，清代译著的一些蒙古史著作，如《蒙古源流》《金轮千辐》《恒河脉流》《蒙古世系谱》等，都有数量不等的蒙古人家族世系资料。

　　清代以来，蒙古族人编修的蒙文和汉文家谱当不在少数，可惜尚未见到这方面的统计与研究文献。但从20世纪20年代至60年代，蒙古民族屡经动乱来看，家谱文献遭到严重破坏和损失是能够想象的，保留下来的绝大部分收藏于民间个人手中，在国家图书馆的丰富收藏中，也只见到五部蒙文家谱。所幸的是，1979 年，国内出版了《蒙古世系》一书，以表解方式，将蒙古贵族的世系记录下来，并对其中某些人物做了一些考证，稍微弥补了一些这方面的缺憾。但美中不足的是，蒙文资料使用过少，降低了该书的价值。

其他拥有自己本民族文字的各少数民族，从理论上讲，也应该拥有自己的民族文字家谱和汉文家谱，可惜的是，有关这方面的记载并不多，大型图书馆的收藏也不尽如人意。如国家图书馆所藏的少数民族文字的家谱，除前文所述的满、蒙文字之外，也只有藏文四种、彝文二种。除此之外，在一些民族文献中，还可看到有关类似的家谱，如古籍《西南彝志》中就记录下较多数量的古代彝族口传家谱。专门的民族文字家谱，大概在各少数民族地区的档案馆、博物馆、图书馆和私人手中都还会有收藏，很值得我们去调查、征集、整理、研究。

在漫长的中国古代文明史上，还有一些曾经在中国历史舞台上演出过轰轰烈烈的正剧，而如今已经消亡的民族，如建立辽朝的契丹族，建立西夏政权的党项族，他们都有自己的文字，产生过大量的文献，自然也会包括皇室公卿贵族和士民家谱。随着时代的流逝，这些民族已经不存在了，他们的各种文献也已大部消亡。但可以肯定，民间也还会有一些流传下来，前些年于西安面世的十册据说是西夏皇族的家谱就是一个明证，这些已经湮没的历史文献，也很值得我们去发掘。

在一些使用汉字的民族中，随着汉化程度的加深，对汉族家谱中有关儒家文化、伦理道德的内容和明昭穆、序尊卑的修谱理念的认同感的增强，在他们所编修的家谱中可以明显看出汉族家谱的影响和痕迹，这其中，尤以满族、回族家谱最具代表性。在很多家谱中，汉族家谱中所具有的内容与结构已完全具备，如果不看族源，与汉族家谱已没有什么区别了。至于一些汉化程度和文明程度相对较低的民族，如畲族，也有自己的家谱。由于畲族早期的家谱有一些是请汉族知识分子帮助撰写的，因此，起点较高，体例谨遵汉族家谱也是很自然的。有些内容，如凡例，规定、族规之类，已完全可与汉族家谱媲美。同时，汉族家谱中的许多不足如攀附名人、乱认祖先，在这些少数民族家谱中也有不同程度的体现。如回族金氏，始祖上溯到汉代金日磾；畲族蓝氏，有些家族竟上溯到八仙之一的蓝采和。与汉族家谱作伪内容不同的是，在一些使用汉姓的少数民族家谱中，竟尽量淡化本民族的特色，如在很多南方回族家谱的世系表中，他们祖先阿拉伯——色目人的本来名字基本看不到，而代之以汉名，即使对生活在元代的祖先也是如此。更有甚者，有些家族竟自言自己的祖先原是汉人，唐宋时西迁，成为回人，明代以后，再恢复汉人姓氏。再有的就是以汉人中的名臣名将作为先祖，如回族郭氏，有许多就上溯到唐代郭子仪；畲族钟氏，也上溯到上古时微子，以后历代均有名人，并自标堂号"颍川堂"，俨然汉族世家大族；其他如雷氏、蓝氏也是如此。与福建汉族家谱中大多将祖先入闽的时间附会成随五代时闽王王审知入闽一样，他们也都自称自己的祖先是随王审知一同入闽，并充当乡导官等。在这些方面，表现出了少数民族与汉族在家族荣誉方面的共同需求，只不过由于历史与文化渊源方面的不同而表现方式不同罢了。

　　我国南方一些没有本民族文字的少数民族，祖先家族世系大多以口述方式流传在族人之中，形成口传家谱。新中国成立之后，许多民族工作者在进行民族调查时，都曾接触过这类口传家谱。在这些口传家谱中，有一部分父子连名家谱比较特殊。所谓父子连名家谱，即某些民族起名较有特点，父亲名字之后一两个字是儿子名字的前一两个字。这种父子连名的家族世系，比较易于背诵。因此，在怒族、哈尼族、白族、大凉山彝族和黔东南苗族等少数民族中，一般的家族成员都能背出三四十代祖先世系，特殊人士如专职巫师或族中老人，则能背出多达六七十代的祖先世系，最多的能背到九十多代。在其他一些不是父子连名的民族，如傈僳族、普米族、阿昌族、高山族等，家族世系则一般由专门的神职人员如巫师和头人掌握，定时向族人宣诵，通常一般都能背诵出几十代祖先世系，十分难得。

图书在版编目（CIP）数据

中国的年谱与家谱：典藏版 / 来新夏，徐建华著. —北京：中国国际广播出版社，2020.12（2024.1重印）

（传媒艺苑文丛.第一辑）

ISBN 978-7-5078-4776-5

Ⅰ.①中…　Ⅱ.①来…②徐…　Ⅲ.①年谱—中国—古代②家谱—中国—古代　Ⅳ.①K820.2②K820.9

中国版本图书馆CIP数据核字（2020）第238999号

中国的年谱与家谱（典藏版）

著　　者	来新夏　徐建华
出 品 人	宇　清
项目统筹	李　卉　张娟平
策划编辑	笑学婧
责任编辑	笑学婧
校　　对	张　娜
设　　计	国广设计室

出版发行	中国国际广播出版社有限公司 ［010-89508207（传真）］
社　　址	北京市丰台区榴乡路88号石榴中心2号楼1701
	邮编：100079
印　　刷	天津鑫恒彩印刷有限公司

开　　本	710×1000　1/16
字　　数	110千字
印　　张	12.75
版　　次	2020 年 12 月 北京第一版
印　　次	2024 年 1 月 第三次印刷
定　　价	36.00 元